Aperçu de la politique douanière
en République Démocratique du Congo
2003-2010

Jean-Paul ESAMBA BOKEL'IPOKA

Aperçu de la politique douanière en République Démocratique du Congo 2003-2010

Préface de Déo Rugwiza Magera

L'Harmattan
Cameroun

Du même auteur

An outline of Customs Policy of the Democratic Republic of Congo 2003-2010, L'Harmattan, 2019.

5-7, rue de l'Ecole-Polytechnique, 75005 Paris

http://www.editions-harmattan.fr

ISBN : 978-2-343-25201-8
EAN : 9782343252018

DÉDICACE

À toi, mon épouse Antoinette Pauline Loota Nkisi,

À mes fils Robert Esamba Bas'Ikonga et Fernand Ivovu Esamba,

À mes filles Sephora Beese Bas'Esamba, Ketshia Bekembo Esamba et Véronique Pétra Bopenda B'Esamba,

À mes parents, mon feu père Faustin Lambert Esamba Ndjokonda et ma mère Cécile Beese Ngonga,

Aux Experts en douane de la République Démocratique du Congo, qui ont conçu le programme de réforme et de modernisation de la douane de 2003.

REMERCIEMENTS

Pour commencer, je voudrais rendre hommage au gouvernement camerounais et à son administration des douanes pour leur chaleureuse hospitalité ayant facilité la rédaction de ce livre durant mon séjour au Cameroun.

Mes remerciements particuliers vont à : Son Excellence, Madame Minette Libom Likeng, actuelle ministre des Postes et Télécommunications et ancienne directrice générale des douanes, Monsieur Edwin Fongod Nuvada, directeur général des douanes camerounaises, Ndo Gervais, Tafili Ebenezer, Samson Bilagna, Félicien Mballa, Grégoire Biloa, Samuel Kouam, Thierry Zogo, Djeuwo Marcellin, Madame Ilunga, Essoh Ewane et leur personnel, Bertrand Toukap, Clémentine Kanse, Anne Teclaire.

À la fin de ce travail, je souhaite exprimer ma profonde gratitude au professeur Wieslaw « Wes » Czyzowicz pour sa patience sans failles et son aide lors de la rédaction de ce livre.

Mes sincères remerciements vont au directeur général des douanes et Accises de la RDC, Monsieur Déo Rugwiza Magera, pour son soutien sous diverses formes ; les directeurs généraux adjoints Big Nzuka Mapengo et Nkongolo Kabila pour leur soutien moral.

Mes remerciements vont aux anciens présidents-délégués généraux Juvenal Lufuma Makanda et Albert Kasongo Mukonzo, aux directeurs Anicet Belito Belie et feu Sylvain Balonga be Bokfa, qui m'ont accueilli dans la communauté des douanes et accises de la RDC.

Mes remerciements s'adressent également aux directeurs Kiese-A-Ngunda, Nianda Malanda, Kuburanwa Chirimwami, Mupenda Kabwana, Mubibya Silutala, Ernest Kassondimbwa, Yoram Eciba, Patrice Mbuaki, Ngbanda Éponge, à feu Sélémani SAM, au Président de la délégation Syndicale Désiré Itegwa, Mogugo et Mukuna Katumba pour leur soutien moral.

Je remercie également mes formateurs de différentes universités, de l'Organisation mondiale des Douanes et d'autres qui ont fait de leur mieux pour ma formation en anglais, à savoir : Prof. Ordinaire Majambo Kalonda, Prof. Eméurite Katsuva Ngoloma, Prof. Mubenga, Prof. Achim Rogmann, Prof Michael Wolfgang, Prof. Harisson, Prof. Altemoller, Prof. Chiwengo, Prof. Mutoke, Prof. N'landu, CT. Kamwema Sha Mwana, CT Lombela Poyo, Thierry Pireau, Pierre Devaucher, Sébastien Costa et d'autres.

J'exprime ma profonde gratitude à Mme Judith Hoffmann, au Sous-Directeur Fidel Ramazani Radjabu, à Jacques N'lemo et à mes collègues de la SADC pour leur soutien moral lors de ma formation en Allemagne.

Il est impossible de fournir une liste complète des personnes qui m'ont soutenu moralement ou matériellement et d'autres à qui je suis obligé, pour des informations précieuses et toute sorte d'assistance. Je remercie : Ana Hinojosa, Motoyuki Okura, Souleymane Sangaré, Elsie Lemami, Bernard Zbinden, Edmond Galle, Michelle Medina, Norbert Steilen, Marc Bruneau, Richard Soki, Adam Vas, Petra Heininger, Dr Karim Farat, André Monga, Jean Fidel Yakala, Gustave Intemo, Aaron Cianyi, Monique Mpumpu, Boale Jeff et Désiré Mawe pour leur soutien moral.

J'exprime particulièrement ma reconnaissance envers mes collègues du réseau mondial des BRLR : Pierre Bertrand, Loïc Gunn, Agnieszka Butrym Bielatko, Iwona

Sawicka, François Remue, Daniela Dettmann, Katarzyna Banaszek, Gonzalo, Duncan Potter, Nizar, Faisal, Magdalena Rybaczyk,Anette Bonde, Gaspard Cillufoli, Laurent Pinot, Abdoul Jeng, Ibrahim Agassalat, Samba Thiam, Santouma, (...),mes collègues du BRLR Afrique centrale, à savoir : Étienne Sama 2, Altesse Samake, Raïssa Nkolo, Véro Manimben, Ngo Ngijol Diane, Dieudonné Tschokwe, Cendrine Mbelle, Eric Engol et Mbeng Élise...

Mes remerciements vont particulièrement au personnel de l'ambassade de la RDC au Cameroun, à savoir S.E Emile Okoto, Chargé d'Affaires, Jonathan Tanga, Célestin Musambali, James Sekele et Madame Jacquie de leur soutien moral.

Mes remerciements vont également à l'Université de Munster et à son personnel, ainsi qu'au Gouvernement allemand de toute leur aide lors de ma formation en Allemagne.

Mes remerciements vont tout particulièrement à mes oncles Emile Baondje, Médard Belemo, feu Anaclet Belanga, mon regretté frère Émery Mbalosanga, mon frère abbé Robert Esamba, mon cousin Eric Baondje, ma tante Odette Mpembe et à mes sœurs, frères et parents.

Puisse mes collègues, amis, frères et parents dont les noms ne sont pas mentionnés, trouver l'expression de ma gratitude du soutien apporté à la publication de ce livre.

ABRÉVIATIONS

ABAKO : Alliance des Bakongo

ACP : Groupe d'États d'Afrique, des Caraïbes et du Pacifique

AD : du latin, Anno Domini. Utilisé dans le calendrier chrétien pour indiquer un nombre d'années particulier depuis l'année où l'on croyait que le Christ était né.

ADF NALU/ADF-NALU : Forces démocratiques alliées

OEA : opérateur économique agréé

AFDL : Alliance des forces démocratiques pour la libération du Congo

AGOA : Loi sur la croissance et les opportunités en Afrique

AL Shebab/Al-Shabab : mouvement de jeunes combattants, il s'agit d'un groupe terroriste islamiste somalien.

AL-QUAIDA : une organisation islamique militante assez soudée dirigée et financée par Oussama ben Laden

API : informations préalables sur les passagers/Données des dossiers passagers

AQMI : Al-Qaïda au Maghreb Islamique. C'est une organisation militante islamiste (d'al-Qaïda)

SYDONIA : Système automatisé pour les données douanières

ATA : Admission temporaire

BIVAC : Bureau de l'inspection avant embarquement

CABT : Convention sur l'interdiction des armes biologiques

AC : Afrique centrale

CCC : Conseil de coopération douanière

CEN : Réseau douanier de lutte contre la fraude

CENcomm : réseau douanier de lutte contre la fraude pour la communication

CKD : Complètement Assommé

COMESA : Marché commun de l'Afrique orientale et australe

CONFIAD : Confédération Internationale des Agents en Douane (Fédération Internationale des Courtiers en Douanes et Représentants des Douanes)

COP : Conférence des Parties

COPIC : COPIC Marker est un marqueur de haute qualité pour le design industriel, le design d'architecture, le design de mode, les graphiques, les illustrations, l'artisanat, la conception de modèles.

AC : arme chimique

DDCOM : Déclaration Douanière du Comesa

DGDA : Direction Générale des Douanes et Accises

RDC : République Démocratique du Congo

CAE : Communauté de l'Afrique de l'Est

CLF : Comité de lutte contre la fraude

CEEAC : Communauté économique des États de l'Afrique centrale

ECGLC : Communauté économique des pays des Grands Lacs

EGL : Bibliothèque graphique de système intégré

ENF : École Nationale des Finances

APE : accord de partenariat économique

UE : Union européenne

CCLAT : Convention-cadre sur le tabac

FMCG : Biens de consommation rapides

FOS : cadre de standard

ALE : Accord de libre-échange

ALE : Zone de libre-échange

ALE : Association de libre-échange

GATS : Accord général sur le commerce des services

GATT : Accord général sur les tarifs douaniers et le commerce

GS : Global Shield (Programme de l'OMD concernant les engins explosifs improvisés)

SPG : Système généralisé de préférences

H.E: Son Excellence

H.S : Système harmonisé

H5N1 : Un sous-type de virus qui touche principalement les oiseaux, est hautement contagieux parmi les oiseaux et peut être mortel pour eux.

QG : Quartier général(Siège)

ICA : Impôt sur le chiffre d'affaires

CCI : Chambre de commerce international

TIC : Technologies de l'information et de la communication

EEIS : Engins explosifs improvisés

FMI : Fonds monétaire international

INTERPOL : Organisation internationale de police criminelle

IPM : Interface Public Membre

DPI : Droits de propriété intellectuelle

EIS : État islamique en Irak et au Levant

OIT : Organisation internationale du commerce

IVECO : Corporation de véhicules industriels

Kwh : Kilowatt-heure

AMA : Accord d'Assistance mutuelle administrative

MKD : Moyen Assommé

MNC : Mouvement National Congolais (Mouvement National Congolais)

PE : Protocole d'entente

OTAN : Organisation du Traité de l'Atlantique Nord

nCEN : Réseau national de lutte contre la fraude

ONG : organisation non gouvernementale

Non-PMA : Pays non moins développés

TNP : Traité de non-prolifération

AN : Arme Nucléaire

OCC : Office Congolais de contrôle

OFIDA : Office des douanes et accises

PILCAM : Société camerounaise de fabrication de piles électriques

PNR : Enregistreur de noms de passagers

RDTCS : Codes d'anomalie de diagnostic radio

BRLR-AC : Bureau régional de liaison chargé de renseignements pour l'Afrique centrale et les Grands Lacs

BRLR : Bureau régional de liaison et de renseignement

CKR : Convention de Kyoto révisée

BRRC : Bureau régional de renforcement des capacités

SADC : Communauté de développement de l'Afrique australe

ALPC : armes légères et de petit calibre

ACES : Application des Contrôles aux échanges de nature stratégiques

TIR : Transit international routier, Transit routier international

ADPIC : Aspects des droits de propriété intellectuelle qui touchent au commerce

ONU : Nations Unies

UNALOR : Union Allumettiere Équatoriale

CNUCED : Conférence des Nations Unies sur le commerce et le développement

UNESCO : Organisation des Nations Unies pour l'éducation, la science et la culture

ONUDI : Organisation des Nations Unies pour le développement industriel

UNODC : Office des Nations Unies contre la drogue et le crime

USA : États-Unis d'Amérique

UTEXAFRICA : Usine Textile d'Afrique

AO : Afrique de l'Ouest

OMD : Organisation mondiale des douanes

OMS : Organisation mondiale de la santé

OMPI : Organisation mondiale de la propriété intellectuelle

ADM : Arme de destruction massive

OMC : Organisation mondiale du commerce

SOMMAIRE

PRÉFACE

Le premier janvier 1995, est née l'Organisation mondiale du Commerce (OMC) afin de matérialiser l'objectif sans succès poursuivi par les États de créer l'Organisation Internationale du Commerce (OIC) en 1948 à la suite du désastre économique causé par les première et deuxième guerres mondiales.

Ainsi créé, le système commercial multilatéral de l'OMC prônera la libéralisation du commerce international pour le bien-être social.

Quant à la douane, étant à la frontière, elle doit faciliter le commerce international par la simplification de ses procédures de dédouanement des marchandises. C'est ainsi que vers la fin du 20e siècle, plusieurs États ont adopté la politique de réforme et de modernisation de leurs administrations douanières avec l'appui des différents partenaires, dont le Fonds Monétaire International (FMI), l'Organisation mondiale des Douanes (OMD), la Banque Mondiale (BM), etc.

Le programme de réforme et de modernisation comprenait également le renforcement des capacités du personnel douanier. Ainsi, le 11 mai 2005, une première réunion consultative entre le Secrétariat de l'OMD et des universités et Instituts de recherche s'est tenue au siège de l'OMD à Bruxelles en Belgique. Le programme PICARD était initié avec le but de la coopération entre le monde universitaire et la douane dans le domaine du renforcement des capacités.

Ce qui a permis à Monsieur Jean-Paul Esamba Bokel'Ipoka, auteur du livre : *An outline of customs policy of the DRCongo from 2003 to 2010* que j'ai l'honneur de préfacer en tant que Directeur général des Douanes et

Accises de la République Démocratique du Congo, de suivre une formation en Administration et Politique douanière à l'Université de Munster en Allemagne.

En rapport avec ce programme de réforme et de modernisation douanières, la Direction Générale des Douanes et Accises (DGDA) à l'époque Office des Douanes et Accises (OFIDA) a conçu son programme de réforme et modernisation en 2003 sur lequel l'auteur s'est appesanti.

Il comprend trois axes : la facilitation et la simplification des procédures douanières, l'optimisation du dispositif de lutte contre la fraude, la réorganisation des services ainsi que les mesures d'accompagnement.

Ce livre est écrit en anglais, une première dans l'histoire de l'administration douanière de la RDC. L'auteur étant bilingue, il est donc habilité et compétent à partager dans la langue de Shakespeare son expérience professionnelle, en matière de politique douanière, acquise au Bureau Régional de Liaison et de renseignement pour l'Afrique centrale et les Grands Lacs où il représente cette institution pour le compte de son pays, la RDC en qualité d'Attaché technique.

Son ouvrage, qui apparait comme une valeur ajoutée au sein de la douane congolaise, contient des informations très importantes dans ce domaine qu'il aborde sous deux aspects théorique et pratique. Dans la partie théorique, il examine la question de la politique douanière et ses notions de base. Tandis que dans la partie pratique, il se sert du programme de réforme et de modernisation douanières de 2003 pour permettre aux lecteurs de saisir la notion de politique douanière sur le plan pratique, et donne quelques informations relatives au programme de réforme et de modernisation douanières.

Déo Rugwiza Magera

INTRODUCTION

L'histoire de la douane de la République démocratique du Congo (RDC) a commencé il y a longtemps. Depuis ses débuts jusqu'à présent, cette administration a subi des changements tels que ceux de 1919 (création du bureau des douanes du Congo belge), 1979 (création de l'OFIDA), 2003(mise en place du programme de réforme et modernisation douanières) et 2010 (mise en place d'un autre programme de réforme et de modernisation), pour ne nommer que quelques-uns. Parmi ces innovations, l'une d'entre elles a eu un impact particulièrement positif sur la douane de la RDC et mérite l'attention à ce jour. Il s'agit du programme de réforme et de modernisation douanières 2003.

Quelle que soit sa capacité mentale, tout être humain cherche à faire quelque chose dans la vie : c'est ce que l'on considère dans la culture africaine comme un « motif de voyage ». Cela signifie que lorsqu'un Africain se déplace ou fait un voyage, il poursuit un but. Il convient de dire qu'une fois né, l'être humain doit écrire son histoire. Les Américains ont appelé cela le « rêve américain ». C'est la raison d'être de ce livre intitulé : Un aperçu de la politique douanière de la République démocratique du Congo (2003-2010).

Nous sommes nés, nous avons passé la majeure partie de notre vie dans la douane et nous sommes appelés à partager notre expérience en tant que souvenir ou héritage à la nouvelle génération. Nous estimons que la manière appropriée de le faire consiste à écrire ce livre pour la simple raison que « les mots s'envolent, les écrits restent ».

Certains lecteurs se demanderont, peut-être, pourquoi la politique douanière plutôt que de se concentrer sur d'autres aspects de la douane tels que la valeur, la législation, etc., et pourquoi la période allant de 2003 à 2010 ?

Les réponses à cette question sont les suivantes :

Premièrement, lorsque nous avons rejoint la douane en 1998, nous avons trouvé des documents relatifs aux douanes de la RDC, tels que le décret de 1949, Droit douanier zaïrois (1996) publié par M. Ntambwe Mwamba, Tarifs des droits et taxes à l'importation et à l'exportation (1997). Cependant, la mise en œuvre de la réforme et de modernisation des douanes en 2003 était spécifique et a attiré notre attention en ce sens qu'elle a introduit un nouveau paysage dans la gestion des douanes de la RDC. En d'autres termes, la mise en œuvre de la réforme et modernisation des douanes en 2003 a apporté une nouvelle vision. Cela semble être considéré comme le début d'une nouvelle ère, une révolution dans la gestion des douanes de la RDC.

Deuxièmement, pour ceux qui n'ont pas prêté attention au programme et ne connaissent pas grand-chose au sujet de la politique douanière, ce livre apparaît comme une occasion de montrer à quel point le programme de réforme et de modernisation douanières de 2003 incarne la politique douanière de la RDC à l'époque dont il est question. Ils doivent faire attention à tout programme de réforme et de modernisation à venir dans les douanes de la RDC.

Enfin, il n'y a pas beaucoup de littératures sur la douane de la RDC. Ce livre pourrait être une valeur ajoutée. En outre, le domaine des douanes est énorme ; il ne serait pas pertinent de traiter de tous ses aspects. Limiter l'étude de la politique douanière au cours d'une période donnée serait plus efficace.

Ce livre s'articule comme suit :

Le premier chapitre parle de la RDC et de son administration des douanes. Il affiche le pays historiquement, géographiquement, économiquement, culturellement et linguistiquement, pour aider le lecteur à acquérir des connaissances sur le pays dont il est question. Une brève historique des douanes et de la Direction générale des douanes et accises de la RDC depuis le début jusqu'à présent est également présentée. Le développement de ces aspects serait important pour mieux percevoir la politique douanière de la RDC.

Le deuxième chapitre tente de définir la politique douanière, ses objets, éléments, sources, rôles ou fonctions, ses instruments, créateurs et ses mesures. Il donne au lecteur la possibilité d'apprendre le lexique de la politique douanière. Autrement dit, différents mots utilisés dans le commerce des marchandises.

Le troisième chapitre développe l'importance de la sécurité dans tous les domaines, notamment douaniers. Cela montre à quel point la sécurité est très importante pour que la douane remplisse son rôle : perception de droits et taxes, lutte contre la fraude, protection de l'économie locale, de l'environnement, etc. L'accent est également mis sur les initiatives prises par l'OMD dans ce domaine, notamment son programme de sécurité.

Le quatrième chapitre constitue la pierre angulaire du livre ; il met l'accent sur la politique douanière de la RDC de 2003 à 2010, en particulier sur le programme de réforme et de modernisation des douanes de 2003, que l'ouvrage présent considère comme la politique douanière de la RDC de 2003 à 2010. Ledit chapitre résume ce programme de

2003 et montre ses éléments clés. D'autres aspects liés à la politique de réforme et de modernisation des douanes, tels que la coopération avec des organisations régionales et internationales, sont également pris en compte. Il met également l'accent sur le paquet de Bali et souligne l'importance de la convention sur la facilitation des échanges pour aujourd'hui et pour l'avenir des douanes et du monde des affaires.

Le cinquième chapitre, enfin, prévoit ce qui devrait être l'avenir de la politique douanière de la RDC. Il présente : les déterminants et les missions futures de la politique douanière de la RDC, les difficultés que les pays en développement, parmi lesquels la RDC, éprouvent pour mettre en œuvre les déterminants, les missions, les remèdes et la période après la mise en œuvre de toute politique douanière en République démocratique du Congo.

CHAPITRE 1 :

BREF HISTORIQUE DE LA RÉPUBLIQUE DÉMOCRATIQUE DU CONGO ET DE SON ADMINISTRATION DOUANIÈRE

Ce chapitre traite de la République démocratique du Congo sur les plans historique, géographique, économique, culturel et linguistique. Il vise à aider le lecteur à mieux connaître le pays concerné sous ses aspects, et notamment son administration douanière et ses missions.

A. BREF HISTORIQUE DE LA RÉPUBLIQUE DÉMOCRATIQUE DU CONGO

Il y a beaucoup à dire sur la RDC ; mais brièvement, nous considérerons principalement les aspects suivants :

I. Aspect historique

L'histoire de la RDC peut être divisée en périodes suivantes : période précoloniale, période coloniale et période postcoloniale.

1. Période précoloniale

Autrefois, l'on racontait l'histoire africaine au moyen de la tradition orale. Cela veut dire, par des contes, des proverbes, etc. À travers cette tradition orale, les gens apprenaient comment les Africains vivaient dans le passé. Autrement dit, leurs coutumes, leurs cultures, etc. En tant que patrimoine culturel, la tradition orale s'est transmise de génération en génération.

S'agissant des États, il convient de noter qu'avant la période coloniale, le continent noir comptait des États caractérisés par une population dense, une richesse naturelle abondante et des arts florissants[1].

Ces États étaient gouvernés par des royaumes, des empires tels que l'empire du Ghana fondé par le peuple Soyinké au XIIIe siècle, l'empire du Mali dirigé par Soundjiata Keita, l'empire Songhaï dirigé par Sonni Ali, Ali ben ou Ali le Grand en Afrique de l'Ouest[2].

En Afrique centrale, en particulier en République Démocratique du Congo, les empires et les royaumes qui constituaient différents gouvernements existaient également ici et là. On peut mentionner le royaume Kuba fondé par Chamba Bolongongo, l'empire Luba fondé par Nkongolo Mwana et Kalala Ilunga au centre du Congo[3]. En 1482, les Portugais ont découvert le royaume Kongo, sur le Bas Congo, qui a été fondé au 13e siècle par le chasseur et talisman Ntinu Wene ou Nimi-a-Lukeni nommé Manicongo signifiant le roi du Congo[4].

Concernant sa population, la RDC était habitée par les pygmées suivis des Bantous et des Nilotics.

Il convient toutefois de noter qu'au départ, le terme bantou signifie une communauté de langues ; il a

[1] G. Mokhtar, Histoire Générale de l'Afrique, II, Afrique ancienne, Présence africaine, UNESCO, 1981, p106.

[2] Ibrahima Baba Kaké, Combats pour l'histoire africaine, Édition présence africaine, 1985, p.138

[3] https:Afr.wikipedia.org/wiki/royaume-kuba. Accedé le 23 mai 2018.

[4] Ibrahima Baba Kaké, Combats pour l'histoire africaine, Édition présence africaine, 1985, p.139.

progressivement acquis une dimension ethnographique voire anthropologique[5].

2. Période coloniale

Historiquement, les Occidentaux, en particulier les Européens, sont arrivés sur le continent africain bien avant le 16e siècle. Même s'ils étaient présents depuis cette période, ils n'ont conquis les États africains que de 1800 à 1881. Ce faisant, ils se sont heurtés à la résistance de certains chefs traditionnels tels que : EL HAJ OMAR, SAMONY, RABAT[6]... Concernant la RDC, elle est devenue la propriété du roi de Belgique, LEOPOLD II, après la Conférence de Berlin, tenue de novembre 1884 à février 1885, organisée par le premier chancelier allemand OTTO VON BISMARCK pour établir les règles qui devaient régir la colonisation de l'Afrique[7]. Cela a permis au roi de Belgique de devenir très riche.

Cependant, à l'époque de ce dernier, la colonisation a eu un impact négatif sur les conditions de vie de la population congolaise. En conséquence, cette période noire caractérisée par la violence et l'oppression contre la population a accéléré l'indépendance de la RDC, qui a obtenu sa souveraineté nationale le 30 juin 1960.

3. Période post-indépendance

Une fois indépendante, la RDC était dirigée par Joseph KASA-VUBU en tant que président et Patrice Émery LUMUMBA comme Premier ministre.

---

[5] G. Mokhtar, Histoire Générale de l'Afrique ancienne,Présence africaine, UNESCO,1981,p.456.

[6] Ibidem…p.106.

[7] htpps: //en.wikipedia.org/wiki/berlin-conference.Accedé le 20 Mai, 2018.

De 1960 à 1965, la RDC était dans une situation chaotique. L'instabilité dans le pays a incité MOBUTU à faire un coup d'État et à prendre le pouvoir le 24 novembre 1965. Il devient donc le deuxième président du Congo qu'il promet de gouverner pendant cinq ans[8].

Après quelques années, sous MOBUTU, la République Démocratique du Congo devient Zaïre en référence au « grand royaume Nzaidi de la population locale d'Amboundou fondé par Nimia Loukeni de la partie orientale et qui existait dans la cour inférieure du Congo »[9]. MOBUTU a gouverné le Zaïre non pas pendant cinq ans comme il l'avait promis, mais pendant 32ans.

En 1996, la rébellion dirigée par Laurent Désiré KABILA a chassé MOBUTU du pouvoir. En mai 1997, Laurent Désiré KABILA est devenu le troisième président du Zaïre, qu'il a rebaptisé République Démocratique du Congo.

En janvier 2001, KABILA est assassiné à Kinshasa et remplacé par son fils Joseph KABILA.

En gros, la RDC a connu cinq présidents depuis son indépendance.

La première République dirigée par Joseph KASA-VUBU après le début de l'indépendance de 1960 à 1965, la deuxième République dirigée par MOBUTU SESE SEKO

---

[8] Congo, Democratic Republic of the : www.infoplease.com/country/democratic-Republic-of-congo.html.Accessed on April 11, 2015.
Democratic Republic of the Congo: en.wiki/Democratic Republic_of_the_congo, Accedé le 28 avril 2009. Voir aussi S. Jean-Paul Esamba Bokel'Ipoka ''counterfeiting and piracy in import and export; ''a strategy of the Democratic Republic of Congo'' Muenster, University of Muenster, 2008, P16.

[9] Joseph Kizerbo, Histoire de l'Afrique noire d'hier à demain, Librairie Hatier 1978, p.182

KUKU NGWENDO WA ZABANGA de 1965 à 1997, la troisième République dirigée par Laurent Désiré KABILA de 1997 à 2001, la quatrième République dirigée par Joseph Kabila de 2001 à 2018 ,et à ce jour, la cinquième dirigée par Félix Antoine TSHISEKEDI TSHILOMBO élu président de la République à la suite des élections du 30 décembre.2018.

II. Aspect géographique

Anciennement appelée Zaïre, qualifiée par certains de sous-continent et par d'autres de terre des ancêtres, la RDC est un pays où de nombreuses provinces sont entourées par le fleuve Congo (Zaïre). Ses pays voisins sont : l'Angola, le Burundi, la République centrafricaine, la République du Congo, le Rwanda, le Soudan du Sud, la Tanzanie, l'Ouganda et la Zambie. En raison de sa population de plus de 75 millions d'habitants et de sa superficie de 2 345 000 kilomètres carrés, la RDC est le plus grand pays d'Afrique centrale. Juste pour avoir une image plus claire, elle équivaut à la Grande-Bretagne, la France, la Belgique, l'Allemagne, l'Irlande, les Pays-Bas, le Danemark, le Portugal, la Suisse, l'Arménie, l'Espagne, l'Albanie et l'Italie réunis[10]. Sa capitale est Kinshasa, autrefois Léopoldville, avec plus de 10 millions d'habitants. La RDC compte onze provinces divisées actuellement en 26 provinces. Ces nouvelles provinces sont : Mongala, Bas-Uele, Haut-Uele, Ituri, Tshopo, Tshuapa, Equateur, Mai-Ndombe, Nord-Ubangi, Sud-Ubangi, Sud - Kivu, Nord-Kivu, Sankuru, Maniema, Tanganyika, Haut-Lomami, Lomami, Haut-Katanga, Lualaba, Kasai Central, Kasai Oriental, Kasai, Kwilu, Kwango, Kongo Central et Kinshasa.

---

[10] Noury, Valerie, new African: the curse of coltan: DR Congo's Mineral wealth…, http://www.questiaschool.com /read/1G1-224534703/the-curse… Accedé le 11 avril, 2015.

III. Aspect économique

La RDC est un pays incroyable, car de nouvelles ressources minières y sont découvertes chaque fois. C'est pourquoi il est reconnu mondialement comme un « scandale géologique ». Sans approfondir d'autres aspects de l'économie, en termes de ressources minières, ce pays est très riche ; la liste n'est pas exhaustive, mais selon Valérie NOURY[11], il y en a 50. La RDC exporte : diamants industriels, autres pierres précieuses ou semi-précieuses, minerais et concentrés de cobalt, minerais et concentrés de cuivre, or, minerais et concentrés d'étain, zinc et alliages[12].

IV. Aspect culturel

Lorsque nous parlons de la culture, il s'agit bien de : l'art, la danse, la musique. En somme des coutumes ou de l'identité d'un peuple. La RDC compte plus de 450 groupes ethniques. Elle est connue dans le monde entier notamment à travers sa musique. Les grandes figures sont : Kabasele Tshamala Grand Kallé, Papa Wendo, Franco Luambo Makiadi, Rochereau Tabu Ley, Lutumba Simaro, Lita Bembo, Mbuta Mashakado, Papa Wemba, Djuna Djanana, Koffi Olomide,Felix Wazeka, Kanda Bongo,Evoloko, Ray Lema, Abeti Masikini, Tshala Muana, Mpongo Love, Reddy Amisi, Kabasele Yampanya Pepe Kalle, Nyoka Longo, Madilu Système, Mbilia Bel, Lokwa Kanza, King Kester Emeneya, Grand-père Bozi Boziana, Papy Tex, Bipoli,Evoloko,JB Mpiana, Ngiama Werrason, Fally Ipupa,

---

[11] Noury, Valerie, new African: the curse of coltan: DR Congo's Mineral wealth..., http://www.questiaschool.com /read/1G1-224534703/the-curse... Accedé le 11 avril, 2015

[12] United Nations conference on Trade and development, Handbook of that world mineral trade statistica, 1991-1996, 1997, pp34, 40 187, 195, 304-345. Voir aussi s. Jean-Paul Esamba Bokel Ipoka ''Counterfeiting and piracy in import and export; a strategy of the democratic republic of congo'', muenster university of muenster, 2008.

Férré Gola et d'autres. Le Congo est également connu pour ses œuvres d'art traditionnelles qui comprennent des masques et des statues en bois.

Aujourd'hui, il existe plusieurs musées avec plus de 45 000 œuvres d'art à Kinshasa[13]. Les œuvres d'art congolaises telles que : Pende, en particulier celles de Kuba qui ont non seulement des masques, des statues en bois, mais aussi des textiles en raphia, sont parmi les arts les plus connus au monde[14].

V. Aspect linguistique

La langue constitue également le véhicule de la culture. La RDC est composée de Kongo, Luba, Anamongo (Mongo, Ndengese, Tetela, Ntomba, Topoke…), Pende, Swahili (vivant dans l'Est du pays bien qu'ils aient leurs différences intralinguistiques et tribales). La liste des habitants de la RDC n'est pas exhaustive.

Sur le plan linguistique, la République Démocratique du Congo compte plus de 450 dialectes, quatre langues nationales, à savoir le Lingala, le Kikongo, le Swahili et le Tshiluba. Le français, imposé au niveau de l'administration par l'Histoire, est sa langue officielle.

Concernant ces langues, on peut dire que le Lingala est parlé dans l'ancienne province de l'Équateur,ses nouvelles provinces et à Kinshasa. Il est également la langue des musiciens et de l'armée. Le Kikongo est employé dans l'ancienne province de Bandundu et ses nouvelles provinces et au Kongo Central (Bas-Congo, ex Bas-Zaïre). Le Tshiluba est utilisé dans les provinces du Kasaï et le Swahili dans la partie orientale du pays.

---

[13] Bone Radio Télévision suivie le 20 mai, 2018.

[14] Les peuples Kuba sont originaires du territoire de Mweka, Province du Kasai, RDCongo.

Il faut cependant noter que cette situation linguistique pourrait changer en raison de la création de nouvelles provinces. Il appartient aux futures autorités provinciales de décider quelle langue sera la principale parlée dans leurs provinces.

B. ADMINISTRATION DOUANIÈRE DE LA RÉPUBLIQUE DÉMOCRATIQUE DU CONGO

I. Bref aperçu de l'histoire des douanes et de ses missions

Il est nécessaire d'avoir une vue d'ensemble de la douane, avant de toucher particulièrement l'histoire de la RDCà ce sujet.

Étant donné que le domaine du commerce des marchandises semble être défini principalement en fonction de son rôle fiscal, l'on peut dire que la douane a existé depuis l'humanité pour la raison que les hommes échangeaient, exportaient, importaient et imposaient certains droits, taxes internes, externes ou non de l'une ou l'autre façon tout le temps. Les cultures étant différentes, chaque région géographique avait sa propre façon de faire du commerce.

Dans les tribus Ndengese[15] par exemple, dans les temps anciens, les gens faisaient ce que nous appelons en français « troc », en anglais « barter ». Autrement dit, une sorte de commerce basé sur l'échange de marchandises. L'argent utilisé à ce sujet s'appelait « djelo », en français : « cauris » et en anglais, « cowrie ». « C'est une petite coquille brillante qui était utilisée comme argent dans le passé dans

---

[15] Ndengese sont les peuples du territoire de Dekese, Province du Kasai, République Démocratique du Congo.

certaines parties de l'Afrique et de l'Asie »[16]. L'unité de mesure était « Isangi », au pluriel « Tosangi ». Chaque Isangi contenait dix djelo « cauris ». Cela signifie, par exemple, si vous voulez acheter un poulet qui coûte 5 tosangi, vous devez donner au vendeur 50 djelo (cauris) pour la simple raison que 5 tosangi sont multipliés par 10, ce qui est égal à 50.[17]

ASAKURA apporte un argument solide pour prouver que la douane elle-même est un mécanisme fiscal très ancien et peut-être l'un des plus anciens moyens de collecter de l'argent. Pour lui, bien que les origines de la douane soient perdues, dans certaines régions du monde, ses activités remontent à l'antiquité.

ASAKURA reconnait qu'il n'est pas en mesure de prouver l'existence de l'ancien service des douanes. Cependant, il cite de précieuses études telles que l'étude des droits de douane romains[18] par R. CAGNAT, (1880), l'Empire romain, la Chine et le sous-continent indien qui disent que les diplomates étaient déjà 78 exonérés de droits de douane en Grèce, Rome et le sous-continent indien au moins depuis aussi longtemps qu'il y a 2000 et que le premier tarif douanier a été établi AnnoDomini (AD)[19]. Cependant, le problème réside dans l'histoire ou l'origine de ce type de commerce de marchandises connu aujourd'hui sous le nom de « douane ». La douane, « Zoll » en allemand, « clo » en polonais et « Dogana » en Albanie, provient du terme arabe « diouan », lui-même du persan

---

[16] Sally Wehnmeiver, *Oxford advanced learner dictionary*, oxford, 2000, p.269.

[17] Bamba, chef du village de Tfunga situé à 5 km du territoire de Dekese, interview avec Bampembe Modeste, Kinshasa, 17, avril 2015.

[18] Portorium pour les Romains.

[19] Asakura H, *World history of the customs and tariffs*; world customs organization 2003, p.120.

« diwan » (turc). À l'origine, le mot désignait le lieu où les directeurs des finances tenaient leurs réunions. Les taxes sont essentiellement à l'origine des droits de douane.[20] Concernant l'organisation des douanes en tant que service moderne, la douane française estime que Jean Baptiste Colbert (1619-1683), contrôleur général des finances sous Louis XIV, est considéré comme le père des douanes modernes en raison de son action économique. Cela signifie qu'à son arrivée en entreprise, il s'est concentré sur le rôle économique de la douane et l'importance du tarif douanier sur cette question.[21]

En parlant des missions, comme dit plus haut, on peut affirmer que l'histoire des douanes est liée à celle des taxes et droits.

En effet, la mission douanière a évolué il y a de nombreuses années. Depuis des siècles, la douane s'occupe de questions fiscales. En plus de cette mission, les rôles économique et social ont été ajoutés. À la fin du XXe siècle, l'heure de la facilitation du commerce extérieur est arrivée. Après le 11 septembre 2001, un nouveau paradigme est apparu : la « sécurité ».[22] La douane est tenue d'équilibrer le contrôle et la facilitation des échanges en utilisant la technique de gestion des risques.

Après avoir parcouru l'histoire de la douane globalement, parlons de la douane en RDC.

---

[20] www.douane.gouv.fr Accessed on 02 April,2015

[21] www.musse-douanes.fr/documentation/25-histoire-de-la-douane.html.fr .Accessed on 02 April,2018.

[22] Prof. Wieslaw Czysowicz, phd, Customs Policy, Modules-challenges and futures course, Master of Customs Administration, University of Muenster, Germany, May 15-16,2017, p.21.

II. La douane de la RDC avant l'indépendance

Comme indiqué précédemment, le commerce des marchandises a existé depuis l'humanité. Concernant l'Afrique, en particulier la RDC, à part le troc comme ce fut le cas dans le territoire Dekese et ailleurs, nous estimons que, si les deux mots « douane » et « accise » n'étaient pas utilisés dans le passé, cela peut être du fait du manque de sources écrites, le commerce des marchandises existait avant même la formation de la République du Zaïre ou de l'État de la République démocratique du Congo, comme on le sait à ce jour. La raison est claire. L'histoire de l'Afrique révèle qu'au IXe siècle, des mineurs du Katanga ont coulé des lingots de cuivre en forme de croix de Saint-André. Des parties de tous ces métaux ont été exportées, une autre a fonctionné sur place[23].L'expérience a montré que certains habitants semblent continuer à pratiquer le même type de commerce dans la province du Katanga à ce jour.

Comme indiqué dans la partie consacrée à l'histoire de la RDC, après la Conférence de Berlin en 1885, le Congo est devenu la propriété de Léopold II, le roi de Belgique. Cela signifie que pendant l'État indépendant du Congo, la douane existait, mais son siège social est resté à Anvers en Belgique en raison du fait que le Congo était sous la colonisation belge[24]. La douane moderne congolaise a commencé au 19e siècle. Cependant, les droits d'accises ont été perçus au XXe siècle. Au cours de cette période coloniale, le roi belge Léopold II a imposé des droits sur l'exportation d'ivoire, de caoutchouc et de certains produits

---

[23] Ibrahima Baba Kaké,op.cit,p1430.

[24] Mihigo Uguha Michaelle-Brenda, Rapport de stage effectué à l'Office des Douanes et Accises “OFIDA“, p.3 in .Jean-Paul Esamba Bokel'Ipoka, Counterfeiting and Piracy in import and export; a strategy of the Democratic Republic of Congo“ , Muenster, University of Muenster, 2008,p.51.

agricoles pour son propre intérêt et celui de son pays, puisque les résolutions de la conférence de Berlin avaient posé les questions du commerce dans le bassin du Congo.[25]

III. La douane de la RDC après l'indépendance (du 15/05/1979 à nos jours)

La Douane du Congo en tant qu'administration autonome a été créée par l'Ordonnance n° 79-114 du 15 mai 1979. Elle a remplacé la Direction des Douanes et Accises. De 1980 à 1989, elle a été dirigée par la Coopération belge et la Communauté économique européenne et de 1985 à 1987 par la France.[26] Aujourd'hui, elle est dirigée par les autochtones.

Le décret n ° 09/043 crée et organise la direction générale des douanes et accises. De ce fait, elle est devenue un service public doté d'une autonomie financière.[27]

Brièvement, l'histoire moderne de la douane congolaise a commencé après la conférence de Berlin. Quelques années plus tard, l'accord de Saint-Germain autorisait le Congo à percevoir des droits à l'exportation et à l'importation. Après avoir subi quelques changements, afin de renforcer de manière appropriée la lutte contre la contrebande et de prélever des droits sur les deniers publics, le Président MOBUTU a signé une ordonnance qui accordait à cette douane son autonomie. Ainsi, le 15 mai

---

[25] Alain Tenday, Les procédures douanières en RDC ; expérience du << guichet unique >> au poste de Matadi, 2014,p 45-47.

[26] Jacques-pierre Simbabo-Musubi , rapport de stage effectué à la Direction Générale des Douanes et Accises ,'Ofida, p.2. in 'S.Jean-Paul Esamba Bokel ' Ipoka, Counterfeiting and Piracy in import and export ; a strategy of the Democratic Republic of Congo'', Muenster, University of Muenster, 2008; p.51.

[27] Déo Rugwiza Magera, Directeur général in Revue des douanes congolaises N°006 octobre 2010, p5.

1979,la douane de la RDC est devenue l'Office des douanes et accises(OFIDA).[28]

En tant qu'office, sa politique douanière était principalement inscrite dans le tarif et la législation douaniers. Comme partout ailleurs, le tarif changeait de temps à autre en raison de la politique commerciale et économique du gouvernement. Malgré la modification tarifaire, le décret du 29 janvier 1949 est resté la principale législation applicable aux douanes de la RDC jusqu'à la promulgation du nouveau code des douanes en 2010.

Cependant, il convient de noter qu'en tant que pays en développement, le rôle fiscal des douanes de la RDC pour le budget de l'État est crucial. C'est pourquoi, pour différentes raisons, le gouvernement a décidé de changer le statut de cet office en Direction générale des douanes et accises.[29]

En tant que direction générale, elle est placée sous la tutelle du ministère des Finances. Malgré le changement de ce statut, cette direction générale conserve son autonomie administrative et financière et ses structures se ressemblent.[30]

---

[28] OFIDA : l'acronyme du français Office des douanes et Accises.

[29] En Français, Direction Générale des Douanes et Accises(DGDA).

[30] Mubibya Silutala, Directeur des Ressources humaines ; l'incidence du démembrement des provinces de la République Démocratique du Congo sur les activités douanières ; 10e session des Directeurs Centraux et Provinciaux ; juillet 2015, pp2-3.

CHAPITRE 2 :

LES BASES DE LA POLITIQUE DOUANIÈRE

Ce chapitre traite des notions de base de la politique douanière. Il s'agit de : définition, sources et rôles, pour n'en nommer que quelques-unes.

A. PROBLÉMATIQUE DE LA DÉFINITION DE LA POLITIQUE DOUANIÈRE

Il est bien connu que chaque problème a une solution dans une situation donnée. Cependant, au cas où il n'y aurait pas de solution en la matière, cela devient problématique. Il en va de même pour la définition de la politique douanière comme indiqué ci-après.

Avant toute chose, définissons à la fois la « douane » et la « politique » pour comprendre ce que les deux mots signifient une fois ensemble.

La « douane » en anglais « customs » est différente de la « coutume » en anglais « custom », qui signifie une manière acceptée de se comporter ou de faire les choses dans une société ou une communauté »[31]. Ici, il s'agit de la douane, « customs » en français, « douane » bien que certains s'accordent à dire que « douane » en français est

---

[31] Sally Wehmeire, op.cit., p. 889.

l'administration, mais « douanes » signifient des taxes et des droits.

La Convention de Kyoto Révisée définit la « douane » comme le service gouvernemental qui est responsable de l'application des lois douanières et de la perception des droits et taxes et qui a également la responsabilité de l'application d'autres lois et règlements relatifs à l'importation, à l'exportation ou à la circulation et au stockage de marchandises »[32].

Concernant la « politique », le Oxford Learner's Dictionary la considère comme un « plan d'action convenu ou choisi par un parti politique, une entreprise, etc.

C'est un principe auquel vous croyez qui influence la façon dont vous vous comportez, une manière dont vous vous comportez habituellement. Il ne s'agit pas de la politique qui est considérée comme l'ensemble des activités liées à l'obtention et à l'utilisation du pouvoir dans la vie publique. »[33]

Dans les cultures Ndengese ou dans certaines autres cultures traditionnelles africaines, le mot « politique », « politike »,veut dire, complot ourdi contre quelqu'un.

Après avoir défini la douane et la politique dans les lignes précédentes, voyons ce que signifie la « politique douanière ».

De nombreux auteurs ont tenté de définir la politique douanière. L'on peut citer entre autres : BLINOW, KARPINSKI, CZSYSOWICH, BOZYK, ROSATI, TRZECIAKOWSKI, BUDNIKOWSKI, ZIELINSKA-

---

[32] Revised Kyoto Convention General Annex guidelines, World Customs Organization 2000, p2

[33] Sally Wehmeire, op.cit,889.

GLEBOCKA [34], KIMPEMENE. CZSYSOWICH[35] cite de nombreux économistes polonais qui considèrent la politique douanière comme le tarif. On peut citer : KARPINSKI, BOZYK, ROSATI, TRZECIAKOWSKI, BUDNIKOWSKI, ZIELINSKA-GLEBOCKA

De même, certains douaniers congolais lors de la formation douanière de base qui s'est déroulée à Kinshasa en 2007, définissaient la politique douanière comme le « tarif ».

Après avoir parcouru leurs définitions, nous concluons que la politique douanière est définie soit en termes d'économie nationale, de méthodes et d'instruments, de contrôle douanier, de paiement des droits, de passage de l'économie centrale à l'économie de marché, en tant que tarif, soit en termes d'échanges internationaux et de la politique commerce.

C'est pourquoi, suivant leurs définitions, nous ne trouvons aucune qui soit admise par tous. C'est la raison pour laquelle nous considérons la définition de la politique douanière comme étant problématique.

CZSYSOWICH apporte un argument solide pour prouver qu'il n'existe jusqu'à présent aucune définition appropriée de la politique douanière. Il définit la politique douanière comme l'ensemble des actions entreprises par l'État ou l'organisation internationale et ses organes en relation avec la résolution des divergences (conflits, contradictions, incohérences), la promotion et la protection des intérêts du pays ou des États membres des groupes

[34] Wieslaw Czysowicz,phd,Customs Policy,Modules-Theoretical approach, Master of Customs Administration, University of Muenster, Germany, May 15-16,2008,p.22.

[35] Wieslaw Czysowicz,phd,Customs Policy,Modules-Theoretical approach, Master of Customs Administration, University of Muenster, Germany, May 15-16,2009,p.14.

d'intégration économique (marché unique dans le cas d'une union douanière) dans le commerce international des marchandises par la mise en place de normes et de réglementations juridiques autonomes ou par l'acceptation de normes internationales découlant d'accords (pactes, traités ou conventions) ainsi que leur mise en œuvre dans la vie sociale et économique du pays afin d'assurer la suprématie de ses propres intérêts sur les autres intérêts publics.

À notre avis, la politique douanière est un ensemble de dispositions, lois ou mesures fondées sur les business, les communautés régionales et internationales, la politique gouvernementale, les besoins de la société liés au commerce et qui sont appliquées par l'administration des douanes ou tout groupement régional ou international pour résoudre les conflits dans le commerce des marchandises.

B. OBJETS DE LA POLITIQUE DOUANIÈRE

De prime abord, il serait crucial de préciser ce que nous entendons par objet. Un objet est le domaine ou le champ d'application de toute science. Autrement dit, si nous voulons considérer la politique douanière comme une science, deux éléments sont pris en compte, à savoir son objet et sa méthode. Ici, nous mettons l'accent sur le domaine de la politique douanière. La politique douanière a pour objet de résoudre les conflits pouvant survenir dans le commerce des marchandises.

C. ÉLÉMENTS DE LA POLITIQUE DOUANIÈRE

Peuvent être considérés comme les éléments de la politique douanière :

1) Les activités menées par l'État ou une organisation internationale ; par exemple une zone de libre-échange ou une union douanière.

2) Les activités à multiples facettes entreprises par des entités qui collaborent à l'élaboration et à la mise en œuvre de la politique douanière (Parlement, autres organes législatifs ou autorités exécutives, leurs droits et obligations ainsi que les droits et obligations des entités effectuant le commerce extérieur.

3) Les réglementations légales à caractère autonome ou international.

4) ? Le règlement des différends d'intérêts de nature sociale et économique des pays ou États membres des groupes d'intégration liés à la protection et des intérêts tels que leur suprématie dans le contexte de relations internationales pacifiques liées au commerce des marchandises.[36]

D. SOURCES DE LA POLITIQUE DOUANIÈRE

Un dicton Ndengese déclare : « *Bapanoka losi opeye bote* ». Cela signifie qu'on ne boit jamais l'eau d'une rivière dont on ne connait pas la source. Le proverbe implique que dans le passé, les Ndengese buvaient de l'eau d'une rivière aussi, la population avait l'obligation de savoir d'où cette rivière ou ce ruisseau prenait source. Ce qui revient à dire qu'on ne devrait jamais compter sur une personne surtout si l'on manque d'informations à son sujet

---

[36] Wieslaw Czysowicz,phd,Customs Policy,Modules-Theoretical approach, Master of Customs Administration, University of Muenster, Germany, May 15-16,2008,p.20.

En rapport avec ce proverbe, ce serait une grosse erreur pour nous de parler de la politique douanière, sans dire un mot sur ses sources.

Comme on le sait, l'homme est le moteur ou le centre de toutes les activités. La politique douanière tire ses sources de ces activités.

En d'autres termes, la politique douanière est basée sur des activités ou des intérêts humains liés aux biens, aux marchandises ou à tout ce qui est vendu ou acheté par l'humanité.

Les sources de la politique douanière peuvent être réparties en 3 catégories : sources économiques, légales et internationales.

I. Sources économiques

Elles comprennent :

1. La promotion des affaires nationales (taille du marché

La politique douanière devrait être conçue de manière à ce que les gouvernements créent des industries pour produire plus de marchandises et les vendre à des prix inférieurs en gros. Cette situation sera bénéfique pour les industries, et la population dans la mesure où les industries augmenteront leur gain et développeront d'autres marchés. Ceci est très important dans les pays africains où le commerce informel est courant. Une fois que ce commerce est sous le contrôle du gouvernement, il peut d'une manière ou d'une autre contribuer au développement du pays.

2. La protection des valeurs nationales (vie, santé, patrimoine culturel, etc.)

Une bonne politique douanière doit prendre en compte la protection de la vie des populations, de leur santé en les mettant en garde contre les produits dangereux tels que les drogues, les produits du tabac, etc.

La protection de la vie et de la santé des populations

– en 2003, il y eut « une grippe aviaire pathogène (H5N1) ou grippe aviaire chez les volailles qui a commencé en Asie du Sud-Est ». Pour relever ce défi, les pays avaient interdi l'importation des viandes en provenance de cette partie du monde. Les douanes avaient appliqué la décision.[37]

– Le 29 mai 2015, des douaniers camerounais avaient saisi au port de Douala 18 600 tubes CREAM LEMONVATE portant la mention « made in Italy » importés de Chine. Ces produits contrefaits étaient interdits par le gouvernement camerounais.

La consommation de drogues

Comme l'a dit Michel DANET, « le trafic de drogue est un phénomène international extrêmement préjudiciable, affectant tous les pays, mais affectant particulièrement les sociétés et les personnes vulnérables à l'exploitation par des groupes criminels organisés ».[38]

Les produits du tabac

---

[37] Ulrich Meiser, Reader, i/protection of Health, II Nairobi convention, III johannesburg convention, World Customs Organisation, compliance and facilitation Directorate Enforcement, 2008, p2.

[38] Michel Danet, Foreword WCO Annual Report 2004 in World Customs Organisation, Compliance and Facilitation Directorate Enforcement, Ulrich Meiser, 2008, p2.

Pour se conformer aux exigences de l'Organisation mondiale de la santé, en réponse à l'augmentation du commerce illicite international des produits du tabac qui constitue une menace sérieuse pour la santé publique, les douanes doivent appliquer le protocole pour éliminer le commerce illicite de ces produits. Ledit protocole a été adopté par consensus le 12 novembre 2012 à la cinquième session de la Conférence des parties (COP) à la Convention-cadre de l'OMS (Séoul, République de Corée, 12-17 novembre 2012), qui aborde les moyens de lutte contre le commerce illicite des produits du tabac, un aspect clé d'une politique globale du contrôle antitabac.[39]

Le Protocole invite les parties, à partager des informations conformément à la législation nationale, sur la lutte antitabac lors de l'importation, l'exportation, le transit, les ventes hors taxes et la quantité ou la valeur de la production de tabac, de produits du tabac ou d'équipements de fabrication.[40]

Le patrimoine culturel : le patrimoine culturel peut être défini comme un héritage qui se transmet de génération en génération. Il concerne les coutumes, l'identité, les comportements des personnes. La Convention de l'UNESCO définit les biens culturels comme des biens qui, pour des motifs religieux ou laïcs, sont spécifiquement désignés par chaque État comme étant d'importance pour l'archéologie, la préhistoire, l'histoire, la littérature, l'art ou la science et qui appartiennent aux catégories suivantes :

---

[39] World Health Organisation, Protocol to eliminate illicit trade in Tobacco products, World Health Organisation, Avenue Appia20, 1211 Geneva 27, Switzerland, 2013 p1.

[40] Ibidem, Article 21, p. 27.

collections et spécimens rares de faune, de flore, de minéraux et d'anatomie.[41]

Cette Convention (article 12) prévoit également que pour assurer la protection de leurs biens culturels, les États présents à la Convention respectent le patrimoine culturel des territoires dont ils sont responsables et prennent toutes les mesures appropriées pour interdire et empêcher l'importation, l'exportation et le transfert de propriété illicites de biens culturels sur ces territoires.[42] Toutefois, la convention de Nairobi (article 12.c) demande de maintenir des relations avec les autres organisations internationales concernées en particulier, avec les organes compétents des Nations Unies, avec l'UNESCO et avec l'Organisation internationale de police criminelle (Interpol). Ces relations sont établies dans le but de mener l'action contre le trafic illicite de stupéfiants et de substances psychotropes et contre le trafic illicite d'œuvres d'art, d'antiquités et d'autres biens culturels.[43]

3. Protection de la balance des paiements (concurrence loyale) : lorsqu'on parle de balance des paiements, ce qui vient en premier lieu à l'esprit, c'est la mondialisation de l'économie via l'exportation et l'importation. C'est en quelque sorte l'idée de libéralisation du commerce développée par RICARDO. Ce qui signifie que les nations sont invitées à se spécialiser dans les produits pour lesquels elles ont des avantages comparatifs au commerce. Comme le montre le premier chapitre consacré à la RDC, tout en

[41] Convention de l'UNESCO concernant les measures à prendre pour interdire et empêcher l'importation, l'exportation et le transfert de propriété illicites des biens culturels,Article1,Paris,novembre 1,1970.
[42] Ibidem, Article 12.
[43] Convention Internationale d'Assistance mutuelle administrative en vue de prévenir, recherché et de réprimer les infractions douanières, Nairobi, 9jjuin 1977, rue du Marché,30B-1210 Bruxelles, 1999, Article 12.

parlant d'aspect économique, il est très important pour ce pays qui est un « scandale géologique » de se spécialiser dans différents produits tels que : le cobalt, le cuivre, les diamants,pour commercer avec différents partenaires, pourquoi ne pas transformer cet avantage comparatif en avantage concurrentiel ou compétitif.

4. La protection de l'industrie infantile : c'est le rôle économique joué par les douanes. Expliquons ce problème via les cas suivants :

CAS 1 : En 2009, les douanes camerounaises ont effectué des saisies de conteneurs de bougies et d'allumettes contrefaites en provenance de Chine au Port de Douala. C'est une illustration éloquente du fait que la contrefaçon et le piratage sont des obstacles majeurs au développement de l'industrie. Dans ce cas, les marchandises saisies pour être versées sur les marchés de la sous-région principalement au Tchad et en République Centrafricaine ont constitué une concurrence déloyale pour la société UNALOR basée au Cameroun.

CAS 2 : PILCAM. C'est une autre usine camerounaise qui fabrique des batteries avec la marque « Hellessens ». Cette marque est contrefaite en Chine. Pour contester la concurrence déloyale des contrefacteurs, le 29 mai 2015, lors de l'inspection physique du conteneur N° TLCU549605/7 en provenance de Chine, les services opérationnels des douanes camerounaises basés au port de Douala, ont saisi 89 cartons de piles contrefaites « Hellessens » portant la mention « made in Cameroon » de PILCAM. À l'intérieur de ces cartons se trouvaient 2 400 pièces pour un total de 213 600 batteries dissimulées dans des boîtes en carton sans insigne.

II. Sources légales nationales

Les sources légales nationales comprennent la constitution nationale en tant que base pour la création et la protection légale de la politique douanière nationale, les principaux droits des personnes morales et individuelles au libre développement de l'activité économique non seulement dans le pays, mais aussi sur le marché international, les lois et ordonnances. Les exemples incluent : les lois sur l'activité économique, la loi sur le commerce extérieur, les lois fiscales et douanières, les tarifs douaniers nationaux, le droit administratif, les dispositions d'application, les ordonnances sur les certificats requis pour le dédouanement.[44]

III. Sources légales internationales

Elles concernent différents accords, traités, conventions signés par les États. Par exemple : la convention de Kyoto Révisée (RKC), l'Organisation mondiale du commerce (OMC), l'Organisation mondiale de la santé (OMS), etc.

Comme indiqué précédemment, le champ d'application de la politique douanière est le commerce international de marchandises qui entraîne des conflits. C'est pourquoi, se référant aux sources influentes citées ci-dessus, les acteurs impliqués dans ce métier sont obligés d'harmoniser et d'unifier leur politique afin de parler un seul langage et de bien jouer leur jeu. Pour se conformer à cette situation, l'Organisation mondiale des douanes, seule organisation internationale en charge des questions douanières à coopérer avec différentes organisations impliquées dans le commerce des marchandises, a conçu différents instruments et outils tels que la Convention de Kyoto

---

[44] Wieslaw "Wes" Czyzowicz Ph.D.;Customs Policy Module-Legal and Practical Approach, Master of Customs Administration Course, University of Muenster, Germany, May,15-16,2008pp,6-8.

Révisée (CKR), le Cadre de normes Safe (FOS), le Système Harmonisé (SH), le Réseau douanier de lutte contre la fraude (CEN), etc. Par exemple, le calcul de l'évaluation en douane basé sur l'article VII du GATT et appliqué par tous les membres de l'Organisation mondiale des douanes, montre comment l'OMC a une influence sur les questions douanières. Ainsi, lors de la conception de leurs politiques douanières, les douanes devraient tenir compte de ces outils et des autres organisations internationales citées ci-dessus qui ont une influence sur le commerce des marchandises.

Dans le cas de la RDC, la SADC, le COMESA, la CEEAC, etc. sont également très importants et doivent être pris en compte lors de l'élaboration de la politique douanière.

E. FONCTIONS DE LA POLITIQUE DOUANIÈRE

En général, les fonctions de la politique douanière sont : promotionnelle, protectrice, préférentielle, fiscale, rétorsion et adaptation aux normes et standards de l'OMD, de l'OMC et du GATT 94. Examinons chacune d'elles.

I. La fonction promotionnelle

Avec la fonction promotionnelle, à l'exportation, les taxes n'existent pas. Il s'agit d'une situation internationalement acceptée de droits nuls, car le pays de destination appliquera des droits sur les marchandises importées. Cependant, l'État a le pouvoir d'imposer des taxes et des droits pour des raisons fiscales et économiques.

Ainsi, lors de l'exportation, la politique douanière joue un rôle important et est l'un des meilleurs moyens de développement de l'industrie dans la mesure où il n'y a pas de taxes et droits ou autres. Il convient de dire que dans le cas des perfectionnements actifs et passifs, les producteurs et les commerçants bénéficient de procédures spéciales qui ont un impact économique sur les sociétés ou les industries.[45]

En d'autres termes, pendant la deuxième République du Zaïre, la société IVECO importait des marchandises sous le régime conventionnel CKD (knock down complet), car la société bénéficiait d'un régime spécial qui l'exonérait des droits de douane. La raison en est que les pièces détachées importées ont contribué au développement de la société IVECO dans le pays.

II. La fonction de protection

La politique douanière a pour mission de protéger la nation, les personnes, les entreprises, en particulier les industries naissantes, contre tout ce qui fonctionne à leur détriment, en utilisant des tarifs autonomes ou conventionnels, y compris des prohibitions, des restrictions, des interdictions de chiffre d'affaires, des quotas, des plafonds, etc.

Pour revenir à l'exemple de l'IVECO, la fonction de protection s'applique également dans la mesure où un régime conventionnel a été accordé à l'industrie naissante IVECO, pour la protéger et protéger les travailleurs congolais.

Un autre cas est que la société textile congolaise nommée UTEXAFRICA a été confrontée à une concurrence déloyale de la part des fabricants de super Soso et d'autres produits textiles. En réponse à cette situation, le gouvernement de la RDC a imposé des taxes plus élevées sur les produits textiles similaires importés.

---

[45] World Trade Organization, the legal texts, the results of the Uruguay round of multilateral trade negotiations, GATT Secretariat 1994, p 437.

III. Fonction préférentielle

La politique douanière est un instrument important pour accorder aux industries, aux entreprises, en bref aux différents partenaires, des régimes préférentiels. C'est-à-dire un prix inférieur ou nul, suite à l'accord signé sur cette question.

Prenons les exemples suivants :

Règles d'origine préférentielles entre la Chine et les pays africains les moins avancés

En 2004, pour aider les pays africains les moins avancés, la Chine a signé avec eux des tarifs préférentiels. La liste de certains produits originaires d'Afrique a été envoyée en Chine. Une fois ces produits arrivés sur place, aucun droit de douane ne pouvait être perçu sur les marchandises listées.

- **Accord de Cotonou** : pour aider les pays africains et caraïbes, l'Union européenne a signé l'accord de Cotonou. Il s'agit d'un traité entre l'Union européenne (UE) et le Groupe des États d'Afrique, des Caraïbes et du Pacifique (pays ACP). Il a été signé en juin 2000 à Cotonou, au Bénin, par 78 pays ACP. Deux principes de l'Accord de Cotonou sont liés à la question. Ce sont la préférence commerciale et le Système généralisé de préférence ».[46]

La politique douanière permet à l'administration d'appliquer des taux tarifaires préférentiels, des règles d'origine préférentielles, des suspensions, des contingents tarifaires, des plafonnements tarifaires chaque fois que cela est nécessaire.

---

[46] https://en.wikipedia.org/wiki/cotonou_Agreement. Accessed on 22 June 2015.

IV. La fonction fiscale

C'est la fonction principale qui concerne les pays en développement où les recettes douanières sont très importantes pour le trésor public. C'est le cas des administrations des douanes d'Afrique centrale qui dépendent du ministère des Finances. Cependant, en raison de sa souveraineté, l'État est libre d'élaborer sa politique douanière pour percevoir des droits et taxes sur les exportations, les importations et les accises ou pour imposer toute disposition sur cette question en appliquant des taux de droits autonomes, des droits compensateurs, des droits agricoles et des droits antidumping.

V. La fonction de rétorsion

La politique douanière est un très bon instrument, car elle donne à l'État ou au gouvernement le droit d'imposer des mesures tarifaires et non tarifaires discriminatoires selon les cas et chaque fois que cela est nécessaire, en particulier une fois que les marchandises originaires sont discriminées dans le pays de destination.

VI. L'adaptation aux Normes et standards internationaux

Pour éviter les conflits sur le terrain avec différents partenaires lors de l'application des lois, toute politique douanière de l'État doit tenir compte des normes et standards établis par des organisations internationales telles que l'OMD, l'OMC, etc.[47]

[47] Il n'est pas nécessaire de dire un mot sur l'OMC et GATT 1994 étant donné que toutes ces questions sont débattues au troisième chapitre spécialement à la partie consacrée à la valeur en douane.

F. INSTRUMENTS DE LA POLITIQUE DOUANIÈRE

La plupart de gens considèrent la politique douanière comme étant la législation douanière ou bien l'administration douanière. Dans ce contexte, le droit douanier et l'administration des douanes sont tous deux des instruments de politique douanière.

Il est donc important de montrer le rôle de chacun de ces instruments.

I. Le droit douanier

Il y a beaucoup de discussions autour du droit douanier. Pour certains auteurs, en particulier en Pologne, il devrait être traité comme faisant partie du droit administratif, pour d'autres, le droit douanier fait partie du droit financier, commercial ou économique. Dans la littérature juridique la plus récente, principalement en Russie, il semble être une discipline de droit indépendante.[48]

La Convention de Kyoto Révisée considère le droit douanier comme les dispositions législatives et réglementaires relatives à l'importation, à l'exportation, au mouvement ou au stockage de marchandises, dont l'administration et l'application sont spécialement imputées

---

[48] Le professeur Drwillo définit le droit douanier comme « un ensemble de dispositions légales, c'est-à-dire des dispositions législatives et exécutives régissant les principes et les méthodes d'importation de marchandises dans la zone douanière d'un pays donné ainsi que l'exportation à partir du territoire douanier donné. Les règlements ont également pour objet les droits et obligations des personnes qui importent et exportent des marchandises à l'étranger ainsi que les droits et obligations des autorités douanières. Cependant, le contexte des dispositions du droit douanier indique qu'il s'agit de réglementations juridiques concernant le commerce des produits de base avec les pays étrangers.

aux douanes, et aux règlements pris par les douanes en vertu de leurs pouvoirs statutaires.[49]

Sur le plan méthodologique, le droit douanier, tout comme la politique douanière, n'est défini avec précision, ni dans les doctrines douanières, ni dans la littérature concernant cet objet.

Dans ce travail, le droit douanier est considéré comme des dispositions légales prises et qui sont appliquées par tout service des douanes ou groupement régional pour réglementer le commerce des marchandises. Le droit douanier étant défini, disons un mot sur la législation douanière et le code des douanes.

Concernant la loi du 9 janvier 1997, CZYSOWICH fait valoir que le code des douanes est d'une importance fondamentale pour toute la sphère du commerce extérieur des produits de base. Pour lui, le code des douanes ainsi que les dispositions d'application constituent un ensemble d'actes normatifs qui, à des fins méthodologiques, peuvent être appelés législation douanière.[50]

Fonctions du droit douanier

Selon la direction du commerce extérieur des marchandises, les fonctions du droit douanier sont : l'exportation, l'importation et le transit. Suivant l'objectif économique, les fonctions du droit douanier sont les suivantes : la protection, la promotion et la fiscalité.[51]

---

[49] Convention de Kyoto Revisée, Annexes générales (directives), Organisation mondiale des douanes, 2000, p3.

[50] Wieslaw Czyzowicz in Ewa & others, Customs Policy. Economics law and practice , Jan Brodzinski Szczecin listopad 2014,p27.

[51] Ibid, pp.38-42.

Direction des marchandises à l'étranger

Exportation : le droit douanier réglemente le commerce des marchandises à l'exportation. Le droit douanier réglemente la manière dont les marchandises quittant le pays A peuvent atteindre le pays B en toute sécurité. Il stipule que lorsque les marchandises quittent le pays A pour entrer dans le pays B, elles doivent être soumises à la déclaration d'exportation.

Importation : le droit douanier réglemente le commerce des marchandises importées. Il réglemente la façon dont les marchandises en provenance du pays x entrent en toute sécurité dans le pays Z. Cela signifie que la législation douanière stipule que lorsque le pays z importe des marchandises du pays x, les marchandises concernées doivent être soumises à la déclaration d'importation dans le pays z.

Transit : la législation douanière réglemente le commerce des marchandises en transit. Elle réglemente la façon dont les marchandises quittant le pays A pour Z passent par le pays x en toute sécurité et atteignent Z. La législation douanière parle de la liberté de transit pour ces marchandises.[52] Autrement dit, ces marchandises (y compris les bagages), ainsi que les navires et autres moyens de transport sont réputés être en transit sur le territoire d'une partie contractante. Ceci lorsque le passage à travers ce territoire, avec ou sans transbordement, entreposage, bris de vrac ou changement de mode de transport, n'est qu'une partie d'un voyage complet. Ce dernier commençant et se terminant au-delà de la frontière de la partie contractante sur le territoire de laquelle le trafic passe. Le trafic de cette nature est appelé dans cet article « trafic en transit » « Il y aura

---

[52] World Trade Organization GATT, The legal texts, the results of the Uruguay Round of multilateral trade Negociations, Article V, p429

liberté de transit à travers le territoire de chaque partie contractante, par les voies les plus commodes pour le transit international, pour le trafic en transit à destination ou en provenance du territoire d'autres parties contractantes… ».[53]

À notre avis, dans la pratique, même en transit, les membres peuvent inspecter toute marchandise suspecte si nécessaire, et lorsque leurs législations le leur permettent, puisque les États sont souverains ou indépendants.

Objectif économique

Protection : la législation douanière est un instrument utilisé pour protéger la société, l'industrie naissante, etc. À titre illustratif, pour promouvoir les industries locales, le gouvernement zaïrois avait accordé des régimes économiques aux différentes industries.[54] Pour empêcher la population de consommer des poulets de Turquie, censés avoir contaminé le virus de la grippe aviaire, le gouvernement de la RDC avait interdit l'importation de ces poulets saisis à Pointe Noire au Congo.[55]

Promotionnel : le droit douanier est l'outil utilisé pour promouvoir l'industrie locale au moyen de régimes économiques par exemple.[56]

Fiscal : la politique douanière est l'outil approprié utilisé par l'administration des douanes pour percevoir des droits sur les marchandises importées.[57]

---

[53] Ibidem, p 44.
[54] Voir Iveco.
[55] Voir les rôles social et économique de la douane.
[56] Voir le rôle économique de la douane.
[57] Voir le rôle fiscal de la douane.

La RDC a imposé une taxe à l'exportation sur les ressources minières telles que : le diamant, le cuivre, le cobalt, etc.

Sécurité : c'est la fonction principale des douanes au 21e siècle. Pour cette raison, le troisième chapitre est consacré à la sécurité.

II. Administration douanière

L'administration des douanes est un service officiel chargé de percevoir des droits sur les marchandises importées. Dans certains pays, l'administration des douanes perçoit ces droits même sur certains produits exportés. Dans les pays où le Département ou le service officiel est également en charge des accises, la douane est nommée Département des douanes et accises, Direction générale des douanes et accises, etc. C'est le cas de la Direction générale des douanes et accises de la RDC, de la Belgique Direction générale des douanes et accises, Département général des douanes et accises du Cambodge, etc.

Un droit d'accise ou une taxe d'accise (parfois appelé droit d'accise spécial) est « une taxe intérieure sur la vente ou la production en vue de la vente de biens spécifiques ou une taxe sur un bien produit pour la vente ou vendu dans un pays ou des licences pour activités spécifiques ».[58]

Cependant, pour certains autres, « l'administration des douanes peut être considérée comme l'organisation officielle chargée de percevoir les taxes sur les marchandises entrant dans un pays et d'empêcher les marchandises illégales d'être introduites ».[59]

---

[58] https://en.wikipedia.org/wiki/Excise.Accèdé le 02.09.2015.

[59] Collins.inhttp://dictionary.reverso.net/English.Accessed on 02 September 2015.

Étant concernée, l'administration des douanes est un service ou une direction officielle qui est chargé de la mise en œuvre de la politique commerciale nationale ou régionale, du commerce des marchandises.

Rôle, affaires et responsabilités de l'administration des douanes

Lorsque nous parlons du rôle ou de la responsabilité de la douane au 21e siècle, nous entendons la manière dont elle peut accomplir son travail. Pour certains, c'est la perception des recettes. Pour d'autres, c'est le rôle économique, sécuritaire. En Australie par exemple, c'est la sécurité des frontières, les mesures de sécurité.

Dans la plupart des pays, la douane est responsable de la mise en œuvre d'un large éventail de politiques gouvernementales, couvrant des domaines aussi divers que la collecte des recettes, l'application des accords commerciaux, l'interdiction des stupéfiants, la prévention du terrorisme, la protection du patrimoine culturel et l'application des lois sur la propriété intellectuelle. Toute administration des douanes aura plusieurs rôles à jouer, notamment la collecte des recettes et la protection des frontières. En outre, avec la pression croissante de la communauté commerciale internationale pour minimiser l'intervention du gouvernement dans les transactions commerciales, les autorités douanières du monde entier s'attendent de plus en plus à mettre l'accent sur la facilitation des échanges.[60]

La douane se voit confier le rôle de refléter la politique gouvernementale. Autrement dit, le gouvernement conçoit la politique à mettre en œuvre par la douane.

---

[60] Harrisson Customs Management, theory and practice, University of Muenster, Matser of Customs Policy and Customs Administration 2007. P.47.

L'administration des douanes est donc l'un des meilleurs outils pour mettre en œuvre la politique douanière dans la mesure où elle permet au pays de faire face à la concurrence internationale dans le commerce des marchandises en accordant une sécurité internationale sur cette question. Au sein de l'administration douanière, il existe des services qui appliquent l'intégrité, la simplification des formalités douanières, le contrôle a posteriori (…) pour une bonne transaction des marchandises. Il convient de dire que pour mettre en œuvre la politique douanière, l'administration des douanes joue les rôles suivants : statistiques fiscales, économiques, sociales, externes, sécurité, etc. Considérons chaque rôle.

Fiscal : c'est le rôle traditionnel des douanes ; les douanes sont chargées de percevoir des droits sur les marchandises importées et dans certains pays comme la RDC, même dans les marchandises exportées. C'est le rôle des douanes depuis des siècles, notamment dans les pays en développement où les douanes dépendent du ministère des Finances. C'est le cas avec des pays comme : la République démocratique du Congo, le Cameroun, le Congo, le Gabon, la République centrafricaine, le Tchad, etc.

Économique : C'est la mission qui concerne la protection de l'industrie naissante. C'est le cas des pays développés comme des pays européens.

Social : La douane a pour mission sociale d'empêcher la population de consommer les produits du commerce illicite (contrefaçon, drogue ou toute marchandise dangereuse pour la santé), etc.[61]

---

[61] Voir sources économiques de la politique douanière. --Customs Policy is State's used set of instruments, laws and procedures regulates in favour for national economy interest foreign turnover of goods through the customs frontier. (Blinow, p. 30)

Statistiques du commerce extérieur : étant aux frontières, la douane est également chargée d'élaborer des statistiques du commerce extérieur. Cette tâche est très importante pour l'élaboration de la balance des paiements.

Sécurité : c'est le rôle le plus important des douanes au 21e siècle, car sans sécurité, il n'y a aucun moyen pour les douanes de remplir les autres rôles cités ci-dessus. C'est le cas aux USA où la douane appartient au département de la sécurité intérieure.

Selon DEWULF[62], les responsabilités des douanes continuent d'évoluer. Les administrations douanières sont désormais de plus en plus considérées comme « les principales agences frontalières » responsables de toutes les transactions liées aux problèmes dus aux passages frontaliers de marchandises et de personnes. Certaines de ces fonctions sont exercées en étroite coopération avec les agences nationales.

-- Customs Policy is realization of State's economic policy by methods and instruments of customs regulations, which inseparabble elements are customs control and payments of customs duties (ibid.)

-- Customs Policy – is a system of the wide understanding political and legal as well as economic and organizational undertakings directed towards realization and protecting internal and external economic interests aimed at dinamization of socio-economic changes during the process of the establishing market relationships (ibid., p. 32)

--Customs Policy according to Karpinski is the whole of state actions connected with the establishing of customs rates applicable in imports or exports to the state.(see:G.Mosiej, 200, p.428. 15. However,

-- Kimpemene defines customs policy as the study of the programmed attitude adopted by the public authorities in customs matters in order to develop harmoniously within the framework of international exchanges.

It is the translation into customs texts of the application of the commercial policy of a country of which it forms an integral part[61].

[62] Dewulf and José B.Sokol,Customs modernisation, Handbook,World Bank,2005,p.3.

À notre avis, le point de vue de DEWULF est conforme au troisième pilier du Cadre des normes de l'OMD pour la sécurité, qui met l'accent sur une telle coopération aux frontières et qui est profondément développé dans le quatrième chapitre.

G. CRÉATEURS DE LA POLITIQUE DOUANIÈRE

Par créateurs de la politique douanière, nous entendons les créateurs de la douane. Autrement dit, différents organes qui déclenchent la politique douanière. Ils sont classés à deux niveaux différents :

I. Niveau national

1) lobbies commerciaux et sociaux (succursales et régionales, par exemple chambres de commerce et d'industrie, lobbyistes professionnels, syndicats, autres groupes sociaux-écologistes, etc.).

Comme indiqué dans le chapitre précédent, les chambres de commerce et d'industrie et certaines autres institutions jouent un rôle important dans le commerce des marchandises. Leurs activités ont une grande influence sur cette question et les inscrivent dans la politique douanière. Pour percevoir des droits à l'importation, la douane a besoin d'une valeur en douane, d'un tarif et de l'origine des marchandises. Les chambres de commerce sont chargées de délivrer le certificat d'origine.

2) Organes législatifs (Parlement et organes législatifs régionaux ou locaux – initiateurs de l'environnement juridique – constitution, lois, actes, ordonnances, etc.)

Il est bien connu que les organes législatifs sont des institutions, des structures qui font, valident les lois des pays. Ils font la politique douanière pour la simple raison que la politique douanière comprend également les lois relatives au commerce des marchandises, élaborées par les organismes cités ci-dessus.

3) Organes exécutifs (président, gouvernements, national, régional et local).

En tant qu'organes directeurs, les exécutifs établissent la politique douanière puisqu'ils en ont le pouvoir. Leurs discours et décisions sont des instruments ou des outils utilisés pour élaborer la politique douanière. Par exemple, le programme de réforme et de modernisation des douanes de la RDC pour 2003 était basé sur le plan triennal du gouvernement.

4) Lois douanières administratives (service des douanes) faisant appliquer la loi douanière.

En tant que l'un des meilleurs outils pour mettre en œuvre la politique douanière, l'administration ou service des douanes le fait également. Dans ce cas, il est considéré comme le tuteur, le cœur ou le soldat dans la mesure où l'administration des douanes reçoit des instructions du chef de l'armée qui est le gouvernement pour mettre en œuvre la politique douanière.

Cependant, la différence réside dans le fait que dans l'armée, le soldat n'a pas de mot à dire à son chef. Mais l'administration des douanes en a, en ce qu'elle suggère des lois qui sont adoptées par les organes exécutifs pour établir la politique douanière. Par exemple, la réforme et modernisation des douanes de la RDC de 2003 sur la base de la planification triennale a été élaborée par des experts de l'administration des douanes et soumise au gouvernement de la république.

5) Tribunaux (administratifs, d'appel, locaux et nationaux, interprétation de la législation douanière et les tribunaux font la politique douanière en ce sens qu'ils sont

chargés de juger les conflits liés au commerce des marchandises au cas où les parties ne parviendraient pas à un accord. Pendant les procès, les lois et les dispositions sont des références juridiques pour les juges sur cette préférence. En outre, les décisions des tribunaux adoptées à la fin de certains procès peuvent servir de leçon pour des situations futures et devenir des lois pour résoudre les conflits du commerce des marchandises. C'est le cas de l'Angleterre où la loi n'est pas développée par écrit, mais sur la base des jugements des tribunaux.

II. Niveau international

1) Organisations économiques intergouvernementales OMC/GATT, OMD, ONU, BM et FMI, intégration économique régionale, UE.

Les organisations intergouvernementales élaborent la politique douanière en ce qu'elles créent des dispositions, des instruments et des outils que les membres affiliés incorporent dans leur politique nationale de commerce des marchandises. C'est l'une des raisons pour laquelle les administrations douanières ont des priorités différentes, mais une fois à la frontière, elles appliquent les mêmes instruments comme la méthode d'évaluation en douane, basée sur l'article VII du GATT, la liberté de transit, l'article 8 du GATT, la convention de Kyoto révisée, etc.

2) Autres organisations intergouvernementales CNUCED, ONUDI, OMPI, OTAN, SADC, etc.

Les organisations intergouvernementales établissent la politique douanière, car les membres qui leur appartiennent respectent leurs dispositions ou lois qui sont uniformes pour éviter les divergences dans l'application de la législation sur le commerce des marchandises par les membres.[63]

3) Organisation internationale des affaires (ONG) Chambre internationale du Commerce, branche et association commerciale régionale, à titre d'exemple CONFIAD.[64]

L'influence de l'organisation internationale des entreprises a été abordée lors de la discussion sur la définition de la politique douanière. Ce qui est dit à propos d'autres organisations concerne également l'organisation internationale des affaires.

H. MESURES DE LA POLITIQUE DOUANIÈRE

Nous distinguons deux groupes de mesures de politique douanière. Ce sont : la politique tarifaire et la politique non tarifaire.

I. La politique tarifaire

Par « tarif », nous entendons le document qui affiche les droits ou taxes à percevoir par produit. Il est composé de : la liste des produits et le taux de droit à prélever.[65] Ainsi, la politique tarifaire se réfère à l'élaboration d'une nomenclature tarifaire douanière. C'est-à-dire a) le « Système harmonisé de désignation et de codification des marchandises », dénommé « Système harmonisé », b) La nomenclature comprenant les positions et sous-positions et leurs codes numériques associés, la section, les chapitres et

---

[63] Voir aussi (1).

[64] Wieslaw-Czyzowicz; Customs Policy Module-legal and practical Approach, Master of Customs Administration Course, University of Muenster, Germany, May 15-16,2007, P.9.

[65] École des Douanes de Neuilly sur seine, Présentation de l'espèce tarifaire…p3.

les notes de sous-positions et les règles générales pour l'interprétation du système harmonisé. Il s'agit de la nomenclature de l'Organisation mondiale des douanes établie en vertu de la législation d'une partie contractante aux fins de la perception des droits de douane sur les marchandises importées.[66]

Le tarif est important, car il contribue à la simplification des procédures douanières, à l'utilisation d'un langage commun accepté dans le commerce au niveau international. Le tarif, l'origine et l'évaluation en douane sont des éléments clés pour le calcul des droits de douane et des taxes.

On peut dire en un mot que les mesures de politique tarifaire sont à des fins fiscales, économiques, sociales et de sécurité.

Fiscal : le tarif est un instrument permettant de percevoir des droits sur les marchandises importées.

Économique : le tarif est utilisé pour protéger l'industrie locale. Achim ROGMANN soutient que l'article 18 du GATT permet aux pays en développement d'augmenter les tarifs et d'utiliser d'autres moyens pour protéger les industries dites naissantes.[67]

Social : le tarif est également utilisé pour protéger la société.

Sécurité : le tarif peut aider à identifier les marchandises stratégiques utilisées pour fabriquer des armes de destruction massive.

---

[66] World Customs Organization, Convention on Harmonized system.

[67] Achim Rogmann, principles of WTO laws, University of Muenster, Master of customs administration 2008, p.28.

La politique tarifaire est divisée en deux groupes, à savoir les taux de droits et les mesures tarifaires.

Les taux de droits sont ceux appliqués aux produits importés. Il existe trois types de tarifs de base : ad valorem (pourcentage de la valeur), spécifique (taxe uniforme par article importé) et mixte, qui combine à la fois ad valorem et spécifique. Dans la nomenclature, ils sont ad valorem, c'est-à-dire exprimés en pourcentage. »[68] Par exemple, le taux du tarif douanier 2003 de la RDC pour les légumes chapitre 07 et les fruits chapitre 8 est de 10 % à l'exception des pommes de terre graines 5 % et fruits 20 %. En plus de cela, Achim ROGMANN soutient que le critère utilisé pour calculer le tarif peut être spécifique (comme le poids, la quantité, la taille) ou une valeur spécifique et/ou un mélange des deux.

Les mesures tarifaires comprennent lesystème générale de préférence (SGP), la zone de libre-échange (ZLE), des taux plus bas, des suspensions et des restrictions tarifaires qui sont des taux autonomes, des contingents et des plafonnements.

II. La politique non tarifaire

Elle comprend des interdictions commerciales, c'est-à-dire des sanctions et des embargos, des restrictions non tarifaires et également des limitations de quantité, des barrières techniques, des normes phytosanitaires et vétérinaires, etc.

Outre les interdictions commerciales et les restrictions non tarifaires, la politique non tarifaire comprend également des mesures de sauvegarde qui sont des droits antidumping et compensateurs.

---

[68] Achim Rogmann, Customs Valuation Law; the EU Model Brunswick European Law School, August 2008, p.3.

CHAPITRE 3 :

LA MISSION SÉCURITAIRE DE LA DOUANE

Comme indiqué dans le chapitre précédent, la sécurité est la fonction principale des douanes au XXIe siècle. La sécurité étant concernée, ce chapitre tente de passer en revue ce que la communauté douanière internationale a fait dans ce domaine jusqu'à présent, en particulier la mise en œuvre du programme de sécurité au niveau du Secrétariat de l'Organisation mondiale des douanes. Après avoir parcouru le programme de sécurité, nous essaierons de donner notre point de vue sur la contribution des résolutions 1540 de l'ONU et de Punta Cana à la mission sécuritaire de la douane.

Selon Stefan ANISZEWSKI[69], il est difficile de trouver une définition appropriée de la sécurité. Cependant, il essaie de définir la sécurité dans le cadre de la douane comme les activités exercées par l'OMD et qui se rapportent à la sécurité des frontières, à la facilitation des procédures douanières, à la protection de la société, etc.[70]

Pour notre part, la sécurité est le fait d'être dans des conditions paisibles. C'est un peu différent de la sureté qui est le fait d'être sauvé d'une situation mortelle.

---

[69] Stefan Aniszewski était le gestionnaire du programme Sécurité à l'Organisation mondiale des douanes jusqu'à 2016.

[70] Organisation mondiale des douanes,35e comité de la lute contre la fraude (CLF) du 29 février au 3mars 2016.

À notre avis, la fonction de la sureté de la douane est davantage liée au côté personnel : DPI, protection des consommateurs, etc. Alors que la sécurité aborde des questions plus générales, telles que le terrorisme, par des programmes comme l'application du contrôle aux échanges de nature Stratégique (ACES).

A. L'IMPORTANCE DE LA MISSION SÉCURITAIRE DE LA DOUANE

Comme indiqué au chapitre 2, il n'y a aucun moyen pour la douane de remplir parfaitement son rôle sans sécurité. Autrement dit, sans sécurité, il n'est pas possible pour la douane de percevoir des droits de douanes et d'accises, de faciliter le commerce, de protéger la société, de protéger l'industrie locale, de lutter contre la fraude, de protéger les droits de propriété intellectuelle, de protéger l'environnement, de lutter contre le blanchiment d'argent, de protéger le patrimoine culturel, etc.

Certains psychologues tels que Carl ROGERS, tout en parlant de la créativité, ont souligné l'importance d'un environnement encourageant qui facilite l'épanouissement de la personne.[71] C'est la sécurité.

Carl ROGERS considère la sécurité comme une condition sine qua non de la créativité. Autrement dit, pour effectuer le travail dans de bonnes conditions. Cela signifie que la sécurité est très importante dans un domaine professionnel dans la mesure où, si une personne se sent en sécurité, elle peut créer, innover et accomplir ses tâches de manière appropriée. C'est pourquoi la sécurité dans tout travail, la douane dans ce cas, est obligatoire.

---

[71] https://www.the positiveencouraging.global/carl-rogers-and-the-person-ce.Accessed on 2juin 2018.

D'autre part, la douane est aux frontières. C'est le filtre qui contrôle la circulation des marchandises, des personnes, des moyens de transport, etc. Cela signifie que sans intervention douanière, la lutte contre le terrorisme devient difficile. C'est pourquoi, comme le souligne le programme de sécurité de l'OMD, les douanes doivent jouer leur rôle comme indiqué dans les résolutions 1540 de l'ONU et de Punta Cana.

Étant aux frontières, la douane contrôlera les sanctions et embargos de l'ONU imposés aux différents États.

B. BASE JURIDIQUE DE LA MISSION DE SÉCURITÉ

Peuvent être considérées comme des bases juridiques tout en parlant de la sécurité douanière, les éléments suivants :

– La Convention de Kyoto Révisée

– La Résolution 1540 des Nations Unies

– La Résolution de Punta Cana de l'OMD

– La Stratégie antiterroriste

Jetons un coup d'œil à chaque instrument juridique :

I. La Convention de Kyoto Révisée

Dans son chapitre 5,[72] la Convention de Kyoto Révisée recommande à la douane de recourir à la sécurité. À notre avis, la façon dont la douane doit mettre en place cette stratégie en matière de sécurité ne semble pas claire,la

[72] World Customs Organization The Revised Kyoto Convention, General Annex guidelines, chapitre 5, 2000, p.3-10.

Convention recommande simplement que la douane se réfère aux lois nationales.[73]

II. La résolution 1540 des Nations Unies

Aujourd'hui, personne ne peut nier l'existence du terrorisme. Tous les continents du monde sont victimes de ce fléau. Nous avons Boko Haram, Al-quaida au Maghreb islamique (Aqmi) et d'autres groupes terroristes au Sahel qui sont actifs en Afrique et tuent des gens au Nigeria, Cameroun, Niger, Tchad, Mali, Burkina Faso, Côte d'Ivoire…, Al Shebab tuant au Kenya,en Somalie dans la partie orientale de l'Afrique, ADF NALU et plusieurs groupes armés tuant en République démocratique du Congo en Afrique centrale, États islamiques (EI) Daech, Al-quaida tuant en France, Belgique, Allemagne en Europe, en Asie, aux États-Unis d'Amérique, en Russie, en Afghanistan, au Pakistan, etc.

Pour lutter contre le terrorisme, le 28 avril 2004, le Conseil de sécurité des Nations Unies a adopté à l'unanimité la résolution 1540. Dans son chapitre VII, la Charte des Nations Unies contraint tous les États à prendre et à appliquer des « mesures efficaces » pour prévenir la prolifération des armes nucléaires, chimiques, ou les armes biologiques et leurs vecteurs, y compris, entre autres, l'exportation, le transbordement, le contrôle du transit et des frontières et l'application des lois pour bloquer le trafic illicite des matières connexes.[74]

Étant donné que la lutte contre le terrorisme ne peut réussir sans l'intervention de la douane aux frontières, la

---

[73] World Customs Organization The Revised Kyoto Convention, General Annex guidelines, chapitre 5, 2000, p.3-9.

[74] World Customs Organization Strategic Trade Control Enforcement (STCE), International legal frameworks and regimes to govern strategic trade, p.14

résolution des Nations Unies est conçue de telle sorte que seules les douanes peuvent faire les choses incluses dans les paragraphes suivants :

Paragraphe 3.c : établir des contrôles aux frontières efficaces et des efforts d'application de la loi pour détecter, dissuader, prévenir et combattre... le trafic et le courtage illicites de ces articles ;

Paragraphe 3.d : établir, développer, examiner et maintenir des contrôles nationaux efficaces et appropriés d'exportation et de transbordement de ces articles.[75]

Après que l'ONU ait adopté la résolution 1540, afin d'aider les administrations membres à appliquer cette résolution, l'OMD a approuvé la résolution de Punta Cana présentée ci-après.

III. La résolution de Punta Cana

En décembre 2015, dans le cadre du programme de sécurité relatif à la résolution des Nations Unies citée ci-dessus, l'OMD a adopté la résolution de Punta Cana. Contrairement à la Convention de Kyoto Révisée, qui ne semble pas clarifier la façon dont la douane mettra en œuvre son rôle en matière de sécurité tout en accomplissant son travail, la résolution de Punta Cana semble être plus précise en ce sens qu'elle énonce la fonction de sécurité des douanes en général, qui comprend la lutte contre la prolifération des ADM. Elle invite les autorités douanières à inclure la sécurité dans leur mandat et leurs fonctions, le cas échéant, en incluant la sécurité dans leurs plans stratégiques. Elle approuve une coopération étroite aux niveaux national, régional et international entre les autorités douanières et entre les douanes et les autres autorités chargées de l'application

---

[75] Ibidem, p.15.

des lois en ce qui concerne : échange d'informations et enquêtes. Elle invite les autorités douanières à utiliser toute la gamme des techniques de détection et d'enquête, y compris le profilage des risques, etc.[76]

IV. Stratégie antiterroriste

Selon Security WCA 2016, la stratégie antiterroriste a été mise en œuvre en 2016, pour renforcer la capacité des administrations douanières à gérer la sécurité des frontières liée aux menaces.

C. LE PROGRAMME DE SÉCURITÉ DE L'OMD

Les activités de l'Organisation mondiale des douanes dans le domaine de la sécurité se déclinent dans les cinq domaines suivants :

– **Global Shield (GS)** : Global Shield a d'abord été un projet mis en œuvre par l'Organisation mondiale des douanes en partenariat avec l'Organisation internationale de police criminelle (INTERPOL) et l'Office des Nations Unies contre la drogue et le crime (UNODC) et est devenu un programme plus tard. Il vise à lutter contre les engins explosifs improvisés (IED) utilisés par les terroristes du monde entier et fabriqués à partir de précurseurs chimiques. Le programme Global Shield surveille les 14 précurseurs chimiques énumérés ci-après : Nitrate d'ammonium, anhydride acétique, acétone, urée, poudre et flocons d'aluminium, peroxyde d'hydrogène, acide nitrique, nitrométhane, chlorate de potassium, nitrate de potassium,

[76] World Customs Organization, Punta Cana Resolution, Resolution of the Policy Commission of the World Customs Organization on the role of Customs in the security context, December 2015, p.3. See also World Customs Organization Strategic Trade Control Enforcement (STCE), components of national strategic Trade Control Systems p.4.

perchlorate de potassium, nitrate de sodium, ammonium de calcium Nitrate.[77]

– **Armes légères et de petit calibre (ALPC) :** les « armes légères » désignent les armes conçues pour un usage individuel. Parmi elles, nous avons : les armes de poing, les fusils, les carabines, les mitrailleuses, les fusils d'assaut et les mitrailleuses légères. Cependant, les « armes légères » se réfèrent aux mitrailleuses et aux projectiles explosifs. Tels les lance-grenades, les lance-grenades automatiques[78]. Selon Security WCA 2016, le projet ALPC vise à lutter contre l'utilisation abusive des EEI identifiés par le programme Global Shield.

– **Contrôle des passagers** : aujourd'hui, la lutte contre le terrorisme est devenue un fléau qui nécessite un engagement mondial. L'Organisation mondiale des douanes a compris que pour gagner ce combat, il fallait contrôler non seulement les matériaux (circulation des armes, munitions, précurseurs des engins explosifs), mais aussi les personnes qui déclenchent ces actions via leurs déplacements et moyens de transport. Puisque

le moyen de transport aérien est le plus utilisé par les populations et peut leur permettre de commettre des attentats terroristes, nous estimons que c'est l'une des raisons pour lesquelles, dans le cadre de sa lutte contre le terrorisme, l'OMD a pris plusieurs initiatives, dont l'identification des passagers pour renforcer la sûreté de l'aviation. C'est-à-dire, « le contrôle des passagers qui est soutenu par les renseignements préalables concernant les

[77] World Customs Organization, Global Shield Programme.
[78] https://en.wikipedia.org/wiki/small-Arms_and_lihgt_weapons.Accessed on 30 May,2018.

voyageurs(RPCV) et les dossiers passagers(PNR), dit programme API-PNR ».[79]

Cependant, en suivant la ligne directrice sur les passagers, il convient de noter que l'API implique la capture des données biographiques du passager et d'autres détails du vol par le transporteur avant le départ et la transmission des détails par voie électronique aux agences de contrôle des frontières du pays de destination. L'API peut également servir d'outil de prise de décision que les agences frontalières peuvent utiliser avant qu'un passager ne soit autorisé à monter à bord d'un avion. L'OMD considère l'API comme une technique très utile pour améliorer la sécurité des frontières.[80]

- **Financement du terrorisme** : le financement du terrorisme a pour objectif de lutter contre le commerce illicite et le blanchiment d'argent, y compris les coursiers en espèces et le blanchiment d'argent fondé sur le commerce.[81]

- **Contrôle aux échanges de nature stratégique** : après l'adoption de la résolution 1540 de l'ONU et celle de Punta Cana de l'Organisation mondiale des douanes, les membres de l'OMD ont soulevé la question de savoir comment ils lutteront contre la prolifération des armes de destruction massive et de leurs articles connexes[82] dans l'exercice de leurs fonctions sur le terrain. Pour répondre à cette demande, l'OMD a lancé quelques missions de diagnostic dans ses régions afin d'identifier les différents défis que ses

---

[79] World Customs Organization, security project for West and Central Africa (Customs counter-terrorism initiative for West and Central Africa). (paper)
[80] World Customs Organization, Guide line on passengers.pp8-9
[81] Idem.
[82] World Customs Organization Strategic Trade Control Enforcement (STCE), Implementation guide, p.9.

Membres pourraient rencontrer sur cette question. Après avoir identifié ces défis, l'OMD a produit le guide de mise en œuvre relatif à l'application des contrôles aux échanges de nature stratégique (ACES), qui a été approuvé par ses Membres.

Le guide est une aide pratique concernant l'Application des contrôles aux échanges de nature stratégiques. Le guide de mise en œuvre de l'application des contrôles aux échanges de nature stratégique fournit des orientations aux Membres de l'OMD dans l'élaboration et la révision de leurs processus et procédures du contrôle des échanges de nature stratégique et fournit un cadre pour la formation dans ce sens.[83]

Pour des raisons de sécurité et d'accords internationaux, les biens stratégiques sont considérés comme des biens non autorisés à exporter, importer ou transiter vers certains pays ou uniquement sous certaines conditions. Ils concernent les marchandises pouvant être utilisées à des fins militaires, tant civiles que militaires, ou pour la production d'armes de destruction massive et/ou de leurs vecteurs.[84] Les armes concernées ici sont celles de destruction massive (ADM), les armes classiques et articles connexes impliqués dans le développement, la production ou l'utilisation de ces armes et de leurs systèmes de livraison.[85]

---

[83] Idem.

[84] https://www.belastingdienst.nl/wps/wcm/connect bldcontenten/belastingdienstcustoms/safetyhealth-economy and environment/cdiucluster/strategic goods/ strategic goods.Accèdé, le 21 mai 2018

[85] Les armes de destruction massive sont : les armes nucléaires conçues pour provoquer une destruction massive par la libération explosive d'énergie nucléaire, les armes chimiques conçues pour infliger des blessures telles que des étouffements, des cloques ou un dysfonctionnement du système nerveux par des réactions chimiques, des armes biologiques conçues pour employer des micro-organismes

Il convient toutefois de noter que l'application des contrôles aux échanges de nature stratégique combine le renforcement des capacités et les activités opérationnelles.

Le programme ACES reflète la manière dont les cadres et régimes juridiques internationaux pertinents régissent la scène. Les membres ont l'occasion de connaitre les engagements internationaux pris par les États pour contrôler l'exportation de produits stratégiques, les obligations de ces États vis-à-vis de la communauté internationale, de savoir comment ces obligations sont mises en œuvre par le biais des lois nationales, le rôle des douanes pour aider les États membres à lutter contre la prolifération des armes de destruction massive, etc. Puisqu'elle combine le renforcement des capacités et activités opérationnelles, que pouvons-nous suggérer à la douane de la RDC ? Quelques suggestions et leçons à cette administration sont proposées dans notre point de vue suivant relatif aux deux résolutions mentionnées ci-dessus.

D. NOTRE POINT DE VUE RELATIF À LA CONTRIBUTION DES RÉSOLUTIONS 1540 ET PUNTA CANA À LA MISSION SÉCURITAIRE DE LA DOUANE

Comme nous l'avons déjà mentionné, nous insistons sur le fait que la sécurité est la fonction principale de la douane au 21e siècle. Avant les résolutions 1540 de l'ONU et Punta

---

qui causent des maladies chez les humains, le bétail ou les cultures, les armes radiologiques conçues pour causer des maladies et des perturbations massives par la propagation de la radioactivité), les systèmes de livraison comprennent les missiles balistiques, les missiles de croisière et les véhicules aériens sans pilote ... couverts par des traités et arrangements multilatéraux pertinents, ou inscrites sur des listes nationales de contrôle, qui pourraient être utilisées pour la conception, la mise au point, la production ou l'utilisation d'armes nucléaires, chimiques et biologiques et de leurs vecteurs.

Cana de l'OMD, l'Organisation mondiale des douanes a pris différentes initiatives liées à la sécurité. La Convention de Kyoto révisée, par exemple dans son chapitre cinq, recommande aux douanes d'utiliser la sécurité. Le Cadre de normes (FOS), lui, recommande la sécurité de la chaîne logistique internationale. Le programme Global Shield, pour sa part, lutte contre la prolifération des EEI, etc. Dans son programme de sécurité, comme indiqué ci-dessus, l'Organisation mondiale des douanes examine cinq domaines, à savoir le programme Global Shield, les armes légères et de petit calibre, l'application des contrôles aux échanges de nature stratégique, le contrôle des passagers et le financement du terrorisme et de la sécurité des frontières.

Pour mettre en œuvre ces programmes, l'OMD se réfère aux différentes résolutions adoptées par le Conseil de sécurité des Nations Unies.

Après avoir parcouru toutes ces activités et leur base juridique, ce travail considère que la résolution 1540 qui a produit celle de Punta Cana peut être considérée comme le texte majeur ou la base juridique de référence lorsqu'on traite la question de la sécurité à ce jour pour les raisons suivantes : La Convention de Kyoto révisée, considérée comme un modèle en termes de procédures douanières comme cela a été dit, recommande aux douanes d'utiliser la sécurité. Or, contrairement aux résolutions de l'ONU 1540 et de Punta Cana, la Convention de Kyoto révisée n'est pas spécifique concernant le modèle à suivre sur cette question. Considérons ce qui suit :

Dans le cas du programme ACES :

Pour lutter contre la prolifération des armes de destruction massive (ADM) : la douane doit inclure la sécurité dans son plan stratégique, vérifier que les lois nationales sont susceptibles d'aider le pays à respecter les engagements internationaux afin de lutter contre la prolifération des armes de destruction massive, disposer d'une liste de produits stratégiques et les intégrer dans les législations nationales, créer un service en charge des biens stratégiques en douane, renforcer la coopération avec les entreprises qui produisent des biens stratégiques et les autorités compétentes impliquées dans les affaires.[86]

Ce livre estime que le même cadre doit être révisé en traitant du Global Shield, ALPC, PNR…

Dans le cas du Global Shield, La douane doit inclure la sécurité dans son plan stratégique, vérifier que les lois nationales sont susceptibles d'aider le pays à lutter contre la circulation des engins explosifs improvisés (EEI) utilisés par les terroristes dans le monde et qui sont fabriqués à l'aide de précurseurs chimiques. Elle doit disposer d'une liste de 13 précurseurs produits chimiques énumérés ci-dessous (la liste peut être mise à jour) : Nitrate d'ammonium, anhydride acétique, acétone, urée, poudre d'aluminium et flocons, peroxyde d'hydrogène, acide nitrique, nitrométhane, chlorate de potassium, nitrate de potassium, perchlorate de potassium, nitrate de sodium, nitrate de calcium ammoniacal et les intégrer dans les législations nationales. Elle est tenue de créer un service traitant du Global Shield en douane, renforcer la coopération avec les entreprises, les sociétés qui produisent des précurseurs chimiques et les autorités compétentes impliquées dans les matières.

En cas d'ALPC :

La douane doit inclure la sécurité dans son plan stratégique, vérifier que les lois nationales sont susceptibles

[86] World Customs Organization, Punta Cana Resolution, Resolution of the Policy Commission of the World Customs Organization on the role of Customs in the security context, December 2015, p.3. See also World Customs Organization Strategic.

d'aider le pays à respecter les engagements internationaux afin de lutter contre la prolifération des ALPC. Elle se doit de disposer d'une liste d'armes légères et de petit calibre et les intégrer dans les lois nationales, créer un service traitant des ALPC en douane, renforcer la coopération avec les entreprises, les sociétés productrices d'ALPC et les autorités compétentes intervenant en la matière (...).

En cas de contrôle des passagers et de financement du terrorisme :

La douane doit inclure la sécurité dans son plan stratégique, vérifier que les lois nationales sont susceptibles d'aider le pays à respecter les engagements internationaux liés au contrôle des passagers et lutter contre le financement du terrorisme. Elle doit disposer d'une liste de passagers réguliers et de données sur les saisies de devises, créer un service en charge des mouvements de passagers, renforcer la coopération avec les compagnies aériennes, les sociétés et les autorités compétentes concernées (...).

En cas de sécurité aux frontières :

La douane doit inclure la sécurité dans son plan stratégique, vérifier que les lois nationales sont susceptibles d'aider le pays à respecter les engagements internationaux liés à la sécurité des frontières, disposer d'une liste de passagers réguliers, de la plupart des saisies de devises, des marchandises importées et exportées et des moyens de transport les plus réguliers. Elle doit aussi créer un service en charge des déplacements fréquents de passagers, de la plupart des marchandises déclarées à l'importation et à l'exportation, renforcer la coopération avec les compagnies aériennes, maritimes, routières, etc., les sociétés et les autorités compétentes (immigration, police...) impliquées dans ces domaines d'activités.

Les résolutions 1540 de l'ONU et Punta Cana de l'OMD sont comme bases juridiques de référence en matière de sécurité, puisque l'ACES combine à la fois le renforcement des capacités et les activités opérationnelles, que pouvons-nous suggérer à la douane de la RDC ? L'élément ci-dessous aborde ce problème.

E. LEÇONS ET SUGGESTIONS A LA DOUANE DE LA RDC RELATIVES AU PROGRAMME ACES

Concernant la douane de la RDC, le programme ACES aide les officiers congolais à connaître les engagements de non-prolifération pris par la RDC. Pour l'information du lecteur, en tant que membre des Nations Unies, la RDC a jusqu'à présent pris les engagements suivants : le Traité sur la non-prolifération des armes nucléaires (TNP), la Convention sur les armes chimiques (AC) et la Convention sur les armes biologiques (CABT)[87]...

Comme indiqué dans l'aspect économique de la RDC au chapitre un, la République démocratique du Congo est le pays le plus riche au monde en termes de minerais. Conformément à la résolution 1540 de l'ONU et à la résolution Punta Cana de l'OMD, les suggestions suivantes sont importantes pour que la douane de la RDC joue son rôle tout en luttant contre la prolifération des armes de destruction massive :

- vérifier que la direction générale des douanes et accises a inclus la sécurité dans son plan stratégique ;

---

[87] World Customs Organization, Strategic Trade Control Enforcement(STCE), implementation Guide,p.37.

- Vérifier que la RDC dispose d'une liste de produits stratégiques et qu'ils sont intégrés dans les législations nationales ;

- vérifier que les lois nationales sont susceptibles d'aider le pays à respecter les engagements internationaux de lutte contre la prolifération des armes de destruction massive ;

- encourager l'administration des douanes de la RDC à créer un service en charge des biens stratégiques ;

- renforcer la coopération avec les entreprises, les sociétés productrices de biens stratégiques et les autorités compétentes impliquées en la matière.

Il est à noter que la RDC vient d'adopter un nouveau code minier, un instrument important sur cette question, qui considère que des produits comme le cobalt, le germanium, le lithium… sont stratégiques.

CHAPITRE 4 :

LA POLITIQUE DOUANIÈRE DE LA RÉPUBLIQUE DÉMOCRATIQUE DU CONGO DE 2003 À 2010

Ce chapitre présente la manière dont la douane de la RDC a traité la politique du commerce des marchandises de 2003 à 2010 en mettant en œuvre le programme de réforme et de modernisation des douanes, qui a apporté un nouveau paysage dans cette administration. D'autres aspects liés à cette politique sont également discutés.

A. PROGRAMME DE RÉFORME ET DE MODERNISATION DOUANIÈRES

Depuis des siècles, le rôle traditionnel de la douane a toujours été de percevoir des droits et taxes pour le compte du trésor public. La douane joue également un rôle économique important qui protège l'industrie locale. Elle vise de même à : protéger la société, protéger les droits de propriété intellectuelle, protéger l'environnement. À cela s'ajoutent, la lutte contre le terrorisme, la fraude, le blanchiment d'argent, le trafic illicite d'espèces sauvages menacées d'extinction, le trafic illicite du patrimoine culturel, le maintien de la sécurité, etc. Malgré ces multiples rôles, chaque administration douanière, bien qu'appliquant les mêmes instruments et outils aux frontières, a ses priorités. Revenant sur la protection des droits de propriété intellectuelle, l'on peut considérer par exemple des pays comme le Japon qui met l'accent sur cette question. C'est également le cas avec les pays occidentaux. En effet, dans les pays européens comme l'Allemagne, les questions de droits de propriété intellectuelle sont très importantes. Aux USA ou au Canada, la sécurité est très préoccupante. Les douanes sont ensuite incorporées dans le département du ministère de l'Intérieur.

Dans les pays en développement, le rôle fiscal de la douane reste très crucial pour le budget de l'État. En RDC par exemple, la douane contribue à près de 40 % au budget de l'État. Cependant, tout en effectuant leur travail aux frontières, les douanes sont confrontées à des défis tels que : la corruption, la fraude, le manque d'équipements ou de matériaux appropriés, des législations obsolètes, le manque d'agents formés en nombre suffisant, le manque de coopération suffisante avec d'autres parties prenantes, la jalousie, l'envie, etc. En conséquence, ces défis empêchent les douanes d'accomplir leur travail comme il se doit. Pour y faire face, vers la fin du 20e siècle, de nombreuses administrations douanières, dont celle de la RDC, avaient décidé de transformer leurs administrations grâce à l'appui financier et technique d'institutions financières internationales et de donateurs bilatéraux comme : la Banque mondiale, l'Organisation mondiale des douanes, le Fonds monétaire International, la Conférence des Nations Unies sur le commerce et le développement.[88]

De nombreux ouvrages ont été développés sur la réforme et la modernisation douanières. Le Fonds monétaire international, par exemple, a écrit sur la réforme et la modernisation de l'administration des douanes en Afrique subsaharienne francophone 1995-2000. DEWULF considère que les mesures de réforme elles-mêmes couvrent changements de gestion et questions liées au personnel

[88] Dewulf and josé B. Sokol, customs modernization, Handbook 2005, p. ix.

telles que la rémunération, la sélection, la formation, l'intégrité et la corruption, les technologies de l'information, la valeur en douane, l'expérience en matière d'inspection avant expédition ; mais aussi les régimes spéciaux d'importation et la sélectivité dans le contrôle avant et après libération.[89]

Dans le point précédent, nous avons expliqué pourquoi différents gouvernements avaient réformé leurs administrations. Par la réforme et la modernisation des douanes, nous entendons le fait de mettre à jour les douanes avec de nouvelles lois, techniques ou dispositions pour l'aider à faire le travail de manière appropriée et conformément aux réglementations modernes. C'est-à-dire le fait de sortir du statu quo pour adopter de nouvelles techniques ou lois de gestion des douanes conformément aux besoins du gouvernement, des milieux d'affaires internationaux, de la société et de la communauté internationale. Le changement ou la transformation peut être au niveau des procédures et des lois. C'est-à-dire ce que ce livre considère comme la réforme. Mais, lorsque le changement se fait au niveau des équipements, c'est la modernisation.

En d'autres termes, la réforme douanière est liée aux changements de lois et de structures. À la suite des notes de l'ONU, la Convention internationale de Kyoto révisée sur la simplification et l'harmonisation des procédures douanières est considérée comme le principal instrument international sur la réforme douanière.[90] Cependant, la modernisation est liée à des changements technologiques tels que l'automatisation de l'administration des douanes.

[89] Ibidem, p.136.

[90] United Nations, New York and Geneva, Trade facilitation, part II ; Technical Notes on Essential Trade facilitation Measures,2006, p.42.

La réforme et la modernisation ne sont pas seulement un vecteur pour l'introduction de normes internationales et de meilleures pratiques recommandées en matière de TIC, mais aussi une occasion de revoir et d'aligner les procédures douanières sur les normes, conventions et autres instruments internationaux, par exemple la Convention de Kyoto révisée.[91]

Il existe quelques cas de réformes et de modernisation en Bolivie, au Maroc et aux Philippines.[92] La réforme et la modernisation douanières étant profondément expliquées, voyons le cas spécifique de la RDC.

B. RÉFORME ET MODERNISATION DOUANIÈRE EN RÉPUBLIQUE DÉMOCRATIQUE DU CONGO

DEWULF soutient qu'une réforme douanière réussie nécessite un engagement politique et doit commencer par un bon diagnostic de la situation actuelle.[93]

---

[91] Ibidem, p68.

[92] En Bolivie, la réforme douanière visait sa transformation totale. L'un des éléments clés de la réforme était un renouvellement complet du personnel destiné à débarrasser le service d'une corruption profondément ancrée. Au Ghana, il a été entrepris initialement comme une étude de cas de réforme qui améliorerait le climat d'investissement. Cependant, au Maroc, le programme de réforme et de modernisation des douanes reflétait une vision globale et couvrait tous les aspects de la douane, de son organisation à son fonctionnement. Aux Philippines, la réforme prévoyait l'utilisation de techniques de gestion des risques, l'accent mis sur les contrôles avant et après la libération plutôt qu'au point d'entrée et l'amélioration des technologies de l'information. Le Maroc et les Philippines sont les deux exemples de modernisation réussie de l'administration des douanes : Dewulf et José B. Sokol, Modernisation des douanes, Manuel, édition de la conférence, Banque mondiale 2004, p135.

[93] Dewulf, Sokol, op.cit,p7.

En République démocratique du Congo, le programme de réforme et de modernisation des douanes a commencé en 1997, en particulier avec le comité de gestion dirigé par le président délégué général, Juvenal LUFUMA MAKANDA. Il a réalisé le guichet unique de Kin-Aéro à l'intérieur de l'entrepôt Tresco de l'aéroport de N'Djili. Malheureusement, il a été brûlé en raison de l'explosion de 2000 qui a tué de nombreuses personnes parmi lesquelles des douaniers.

Malgré cette triste situation, Albert KASONGO MUKONZO, lors de sa nomination au poste du Président délégué général de l'office des douanes et accises, a réussi à mettre en œuvre le programme de réforme et de modernisation douanières de 2003 dont il est question ici.[94]

La mise en œuvre du programme a commencé de 2003 jusqu'à l'arrivée de Deo RUGWIZA MAGERA en 2005.

En effet, une fois que KASONGO a quitté son bureau, il a été remplacé par Deo RUGWIZA MAGERA qui a décidé de poursuivre le même programme initié depuis 2003, qu'il considérait comme un processus visant à amener les douanes de la RDC au niveau des douanes modernes du 21èmeSiècle. Selon lui, le programme de réforme et de modernisation a aidé la douane de la RDC à maximiser les recettes et a respecté la Convention de Kyoto révisée qui est incorporée dans le code des douanes congolais en termes de procédures douanières.[95]

Globalement, le programme de réforme et de modernisation des douanes de la RDC comprend trois axes,

---

[94] Mwange Muteba, l'Analyse de l'incidence du Guichet Unique sur les recettes de l'État au port de Matadi. p.27.

[95] Deo Rugwiza Magera foreword in Nouvelle édition2012 des Notes Explicatives du Système Harmonisé, cinquième édition (2012), Tome1 Sections I-VI, Chapitres1-28.

qui sont : la simplification et la facilitation des procédures douanières, l'optimisation du dispositif de lutte contre la fraude, la réorganisation des services et de mesures d'accompagnement.[96]

Passons en revue chaque axe :

I. La simplification et la facilitation des procédures douanières

Dans sa politique, l'Organisation mondiale du commerce met l'accent sur la libéralisation des échanges. Pour ce faire, l'OMC invite les douanes aux frontières à simplifier et à faciliter ses procédures douanières. C'est pourquoi l'Organisation mondiale des douanes a mis en œuvre la Convention de Kyoto révisée, considérée comme épure de la douane moderne en termes de la facilitation et la simplification des procédures douanières. Pour se conformer à la politique de l'Organisation mondiale du commerce sur cette question qui est incorporée dans la Convention de Kyoto révisée, dans le cadre de son programme de réforme et de modernisation, la RDC a adopté la simplification et la facilitation de ses formalités douanières. Les questions clés étaient : le paiement des droits, la simplification des déclarations en douane, l'informatisation des procédures, l'élaboration d'un nouveau code des douanes et accises, la réforme des tarifs, etc.[97]

---

[96] Office des Douanes et Accises, Programme de Reforme et Modernisation de l'Office des Douanes et Accises, décembre 2002, pp.5-7.
[97] Ibidem,pp. 8-17.

II. L'optimisation du dispositif de lutte contre la fraude

Le problème de la fraude douanière est connu dans le monde entier, en particulier dans les pays en développement où il est fréquent. Pour lutter contre ce fléau, dans le cadre de son programme de réforme et de modernisation douanières, la douane de la RDC a pris différentes mesures. L'accent a été mis sur les points suivants : la révision de la carte d'implantation des services, la redéfinition de leur personnel, une meilleure couverture du territoire par une répartition du personnel équilibrée, le redéploiement des agents vers des emplois productifs dans la lutte contre la fraude, le protocole d'accord avec l'OCC, le renforcement de la coopération avec les autorités, le développement de l'assistance administrative mutuelle internationale et l'informatisation des procédures douanières et accises (SYDONIA), etc.[98]

III. La réorganisation des services

La réorganisation des services concerne la gestion générale de la douane de la RDC. Il s'agit de réformer les services de manière à ce qu'ils deviennent performants.

IV. Les mesures d'accompagnement du programme 2003

Ce sont des mesures prises pour soutenir le programme. L'accent est par exemple mis sur la revue des douanes congolaises pour diffuser les informations relatives au programme, la formation des agents, etc.[99]

À notre avis, le programme de réforme et de modernisation des douanes de 2003 semble être la politique

[98] Ibidem, pp.18-25.
[99] Ibidem, pp.26-40.

douanière de la RDC de 2003 à 2010, car la politique douanière prend en compte : la politique gouvernementale, la communauté d'affaires internationale, la société et la communauté internationale. Elle comprend toutes les activités de l'État ou de l'organisation d'intégration économique internationale dans le but de résoudre pacifiquement les conflits d'intérêts dans le commerce extérieur de marchandises, de protéger, de promouvoir et de fournir la supériorité des intérêts nationaux (ou des intérêts communs dans l'organisation d'intégration) aux intérêts publics, d'autres groupes sociaux organisés en États et/ou coalitions commerciales.

La politique douanière revient également à créer des normes et des réglementations juridiques autonomes ou basées sur des normes internationales (traités, accords ou conventions) et à les appliquer dans la vie sociale et économique de l'État.[100] Une bonne politique douanière doit tenir compte des fonctions sociales, économiques et fiscales des douanes. Comme l'a dit Keen, « Le changement est nécessaire dans quatre domaines clés : établir des politiques commerciales cohérentes et une législation claire, soutenir des procédures modernes et simples, passer à une dépendance substantielle à l'auto-évaluation par les contribuables, soutenue par le passage du physique au post-déblocage contrôle et assurer l'incitation et l'organisation des structures propices à l'intégrité et à l'efficacité de l'administration des douanes ».[101] Pourtant, le programme de réforme et de modernisation de 2003 était

---

[100] Wieslaw"Wes"Czyzowicz Ph.D. Customs Policy Module-Theoritical Approach, Master of Customs Administration Course, University of Muenster, Germany, May,15-16,2008, p.36.
[101] Michael Keen, changing customs ; Challenges and Strategies for the Reform of Customs Administration ,International Monetary Fund, October,2003 pp.11-12.

basé sur le programme triennal du gouvernement et incarne les fonctions douanières et les domaines clés de Keen.

Examinons les domaines clés de Keen et voyons comment le programme de 2003 est conforme à certains aspects des exigences de réforme et de modernisation ci-après. L'accent est principalement mis sur : la législation, l'automatisation, les tarifs, l'évaluation et la revue douaniers.

V. Quelques points clés de la réforme et la modernisation douanières en RDC

1. Législation

Trois types de législations sont prises en compte au niveau de la douane de la RDC. Ce sont : la législation douanière, la législation sur les accises et la législation connexe.

a. Législation douanière

Avant et après l'indépendance, la douane de la RDC ne disposait que d'une seule législation douanière connue sous le nom de décret de 1949 qui comprenait au total 320 articles.109 articles liés au décret et les autres à l'ordonnance-loi de 1950. Ainsi, malgré les changements intervenus dans les différents milieux internationaux qui ont une réelle influence sur la politique douanière, le décret est resté applicable jusqu'en 2009. Du fait qu'il n'était plus mis à jour et ne pouvait pas se conformer à l'environnement économique international actuel, la douane de la RDC devait la réformer et obtenir un texte juridique souple et conforme aux réalités actuelles. Ainsi, les experts douaniers de la RDC ont travaillé dur et ont produit le nouveau code des douanes à ce jour. Conformément aux lois nationales, le nouveau code a été envoyé au Parlement pour adoption et a mis du temps avant sa promulgation par le Président de la République en 2010.

Il convient cependant de noter que la mise en œuvre du Code des douanes en 2010 est l'une des principales réalisations lorsqu'on parle de la réforme et de la modernisation des douanes en République démocratique du Congo pour la simple raison que ce code, étant basé sur la Convention de Kyoto révisée, a apporté un nouveau paysage en termes de procédures douanières. Le nouveau code des douanes a rejeté la méthode d'évaluation en douane de Bruxelles et a pris en compte l'évaluation en douane conformément à l'article VII du GATT. La sécurité de la chaîne logistique internationale est fortement soulignée à travers l'application du cadre des normes (SAFE) de l'Organisation mondiale des douanes (OMD) et d'autres codes nationaux étrangers ainsi que communautaires. Cela signifie que le nouveau code a apporté les innovations suivantes en termes de simplification et de facilitation des procédures douanières. Voltaire MAMPINDA en a mentionné quelques-unes à savoir : le droit pour toute personne d'accomplir par elle-même les actes et les formalités douanières, et la possibilité d'une déclaration de marchandises pour le commissionnaire en douane, l'automatisation des procédures douanières, la protection des droits de propriété intellectuelle, les régimes économiques douaniers, les opportunités de zones franches et zones économiques spéciales sur le territoire national, la Coordination des contrôles avec les autres services publics aux frontières,la mainlevée des marchandises dans les plus brefs délais[102]

---

[102] Voltaire Mampinda, Facilitation et Simplification des procédures, une réalité au Cœur du système douanier congolais ; in la Revue des Douanes congolaises, numéro spécial, septembre 2015, p. 15.

b. Législation sur les produits soumis aux droits d'accise

La douane de la RDC comprend deux composantes : les douanes et les accises. La douane est chargée de percevoir les droits et taxes sur les marchandises importées et exportées. Cependant, les accises s'occupent principalement de la taxation des produits locaux et de l'importation de produits soumis aux droits d'accises. Une autre réforme majeure des douanes modernes congolaises concernait également le domaine des accises. Cela signifie que, bien que la législation sur les accises ait été publiée en 2012 presque après la mise en œuvre du programme de réforme et de modernisation des douanes en 2003, elle a été incluse parmi les questions relatives au programme de réforme.

La raison d'obtenir une nouvelle législation sur les accises était évidente. Créée par l'arrêté-loi N068-010 du 06 janvier 1968, elle est devenue obsolète. En clair, elle n'était plus adaptée à l'accise de l'environnement moderne des accises. Ainsi, dans le cadre de la réforme et de la modernisation, il était impératif d'élaborer une nouvelle législation sur les accises qui soit conforme à la gestion actuelle des accises à la direction générale des douanes et accises de la RDC.

Le Code des accises[103] incarne les innovations suivantes :

- la nécessité des nouvelles technologies de l'information et de la communication dans la gestion des producteurs de produits soumis aux droits d'accises ainsi

---

[103] Carol Lutaladio Mbuta Directeur général Adjoint chargé des questions techniques in Revue des douanes, N°009, juin 2013, p17.

que dans les formalités de déclaration des produits d'accises acheminés de leur matérialisation ;

- la redéfinition des procédures et formalités relatives à la déclaration de profession, à l'énoncé des travaux et à la déclaration des produits soumis aux accises, pour une meilleure lisibilité et transparence des opérations ;

- la simplification et la rationalisation des procédures et des contrôles des accises, l'intégration dans la loi à partir de la base de calcul de la taxation du pétrole sur les importations, l'introduction de mesures contre la corruption ;

-le renforcement des sanctions et du système de lutte contre la fraude par la redéfinition des accises.

c. Législations connexes

La législation connexe signifie les lois relatives aux prohibitions et restrictions. Autrement dit, les lois nécessaires pour lutter contre le blanchiment d'argent, la contrefaçon et le piratage, le trafic illicite d'espèces sauvages menacées d'extinction, le trafic illicite du patrimoine culturel, etc. Bien qu'il n'y ait pas un nouveau code spécifique relatif à cette législation à présent, notre avis est que le nouveau code des douanes contient certaines dispositions concernant ces questions, en particulier la première section, les articles 74 à 84 consacrés aux prohibitions et restrictions que les douaniers de la RDC doivent appliquer dans l'exercice de leurs fonctions.[104] Par exemple,comment protéger les DPI.[105]

---

[104] Code des Douanes 51e, Numéro spécial, Journal Officiel de la République Démocratique du Congo, Cabinet du Président de la République, 26 décembre 2010, pp.39-42.

[105] Voir aussi mesures non tarifaires.

2. Guichet unique ou automatisation de la douane

Dans la mesure où le commerce des marchandises est conçu, un guichet unique peut être considéré comme un environnement dans lequel différents services évoluant ensemble conviennent que l'un d'eux perçoive des droits et taxes en leurs noms pour faciliter le travail.

En ce qui concerne le commerce international, un guichet unique est considéré comme une installation transfrontalière et intelligente qui permet aux parties impliquées dans le commerce et le transport de déposer des informations normalisées, principalement électroniques, avec un point d'entrée unique pour répondre à toutes les exigences réglementaires liées à l'importation, à l'exportation et au transit.

Un guichet unique offre les avantages suivants pour le gouvernement : sécurité accrue de la chaîne logistique internationale, utilisation plus efficace et efficiente des ressources, rendements des revenus corrects, meilleure conformité des opérateurs et précision accrue des chiffres du commerce.

Il offre également à l'industrie les avantages suivants : coût de conformité réduit, dédouanement et publication plus rapides, application/explication prévisible des règles, déploiement efficace et efficient des ressources.[106]

En RDC, la mise en place de guichets uniques à la douane semble être la mesure la plus réussie de la réforme et de la modernisation douanières dans la mesure où les recettes douanières ont fortement augmenté. Aaron

[106] Gareth Lewis, WCO customs data model; About Single Window, Munster 2008 ,pp4-6

CIANYI KAYEMBE[107] fournit les statistiques suivantes en monnaie congolaise : 104,03 milliards en 2004, 145,57 milliards en 2005, 195,7 en 2006, 277,91 en 2007, 424,22 en 2008, 529,39 en 2009 et 754, 51 milliards en 2010. Globalement, les recettes douanières ont augmenté d'environ 33,48 % par an avec un pic de 52,65 % en 2007 et 2008.

Il convient toutefois de noter que dans le cadre de la réforme et de la modernisation douanières, des guichets uniques ont été mis en place au niveau de la douane de la RDC. On peut citer : Kin aero en 2000, Matadi en 2003, Kin-Est en 2007 et Kasumbalesa en 2010.

3. Mesures tarifaires

a. Tarif

Comme indiqué précédemment,l'Organisation mondiale du commerce n'encourage pas les taxes à l'exportation. La raison en est que, une fois que les marchandises exportées auront payé des droits dans le pays d'origine, elles seront vendues plus chères dans le pays de destination.

Bien que l'Organisation mondiale du commerce appuie ce principe, le pays a sa souveraineté. C'est pourquoi l'article 20 du GATT stipule que pour des raisons liées à la protection de la santé, de l'environnement, de la morale publique nécessaire à la protection de la vie ou de la santé humaine, animale ou végétale, de l'or ou de l'argent, l'État peut imposer des taxes, mais pas des taxes plus élevées.[108] On peut dire que cet article donne à la douane de la RDC le

---

[107] Aaron Cianyi Kayembe, Déo Rugwiza, une décennie d'un engagement basé sur la bonne gouvernance et l'éthique professionnelle. Kinshasa, 2015, p. 32.

[108] World Trade Organisation, Trade Policy, DRCongo, 20 october 2010, p.52.

pouvoir de percevoir des droits à l'exportation et à l'importation.

En 2003, dans le cadre de la réforme et de la modernisation douanières, par la loi N ° 002/03 du 13 mars 2003 instituant un nouveau tarif des droits et taxes, un nouveau tarif a été promulgué.[109]

Le tarif de 2003, comme tous les tarifs douaniers antérieurs de la RDC, comprend à la fois des parties relatives à l'exportation et à l'importation. Les détails concernant ces questions se présentent comme suit :

i. Tarif à l'exportation

Par produits d'exportation, nous entendons le mouvement des marchandises quittant les pays d'origine à l'étranger. En tant que scandale géologique, l'économie de la RDC est principalement basée sur les matières premières. C'est pourquoi, pour des raisons fiscales et économiques, la RDC prélève des droits d'exportation sur certains produits.

Cela signifie que le tarif d'exportation, en revanche, est basé sur le principe de non-imposition des marchandises. Alors que certains produits spécifiques sont taxés pour des raisons de politique économique et de stratégie, le taux appliqué est assez faible, variant de 1 % à 10 % sur une liste exhaustive de 7 produits : café vert, minéraux et concentrés, huiles minérales, pouvoir électrique, grumes et bois sciés à bords carrés ; eau fraiche et débris métalliques.[110]

[109] Office des Douanes et Accises (OFIDA), Tarifs des Droits et Taxes à l'importation (Loi n°002/03 du 13 mars 2003) article 1 et à l'exportation (Loi n°003/03 du 13 mars 2003) Article 1.
[110] World Trade Organisation, Trade policy, review body. DR Congo, 11 may 2016, p.26.

ii. Tarif à l'importation

Dans le cadre du programme de réforme et de modernisation, la structure des tarifs douaniers est passée de cinq taux à trois, y compris le tarif zéro. Ces taux sont : 5 %, 10 % et 20 %. Cela signifie que la nomenclature des parties est la transposition complète de la version 2002 du Système Harmonisé (H.S). Il comprend la nouvelle catégorisation des produits fabriqués par l'OMD ainsi que la création, la modification et la suppression de certaines positions tarifaires du S.H.[111]

iii. Mesures tarifaires

Cette partie est consacrée aux négociations que la RDC a eues avec différents partenaires ou aux accords signés avec eux.

L'Union Européenne est donc l'un des principaux partenaires commerciaux de la RDC, tant en termes d'importation que d'exportation de biens et de services. Avec les autres pays de la CEEAC, la RDC participe aux négociations de l'accord de partenariat économique (APE) entre les États ACP et l'Union européenne. La RDC bénéficie des préférences commerciales d'autres pays développés conformément aux schémas de préférence nationaux, y compris le Système généralisé de préférence. La RDC est éligible à la loi sur la croissance et les opportunités en Afrique (AGOA) des États-Unis, loi publique 106 du 18 mai 2004.[112]

---

[111] Pour plus de détails, lire Mwange Muteba, op. cit,p31-32.

[112] World Trade Organisation, Trade policy, review body. DR Congo, 11 may 2016,p.26.

Comme indiqué précédemment, en 2004, la Chine a signé un régime SGP avec les pays africains les moins avancés, dont la RDC. (Cf chap 2.)[113]

b. Mesures non tarifaires

Parlant de ces questions, il convient de faire valoir que depuis que la RDC est membre de l'OMD, de l'OMC, etc., elle a incorporé des mesures non tarifaires de ces organisations dans sa réglementation douanière pour s'y conformer et éviter les conflits tout en appliquant des mesures tarifaires sur le terrain. Ainsi, l'OMC [114] cite l'article 13 de la loi spéciale n ° 73-009 du 5 janvier 1973 sur le commerce, telle que modifiée en 1974 qui stipule que le ministre chargé du commerce extérieur est habilité à prendre des mesures restrictives et à interdire l'importation de certains produits. De telles mesures peuvent être prises pour des raisons de sécurité et de moralité, afin de protéger la santé publique et l'environnement, ou en raison de leur nature stratégique. La réglementation des changes définit la liste des produits soumis à déclaration préalable, le régime correspondant étant administré par la Banque centrale du Congo. Le trafic frontalier n'est pas affecté. Les marchandises soumises à l'importation et aux restrictions sont, en principe, celles indiquées dans le tarif douanier et la réglementation des changes. Cependant, la base de données du CEN de l'Organisation mondiale des douanes contient des saisies et infractions douanières classées sous 13 rubriques de produits différentes couvrant les principaux domaines d'infractions douanières.[115] À savoir : drogues, tabac, boissons, CITES, droits de propriété intellectuelle, précurseurs, évasion fiscale et douanière, armes et explosifs, monnaie, matières nucléaires, matières

[113] Cf chap 2.
[114] OMC, op.ci., p.50.
[115] CEN wco-OMD(Bookleaft).

dangereuses, pornographie/pédophilie et autres prohibitions et

Restrictions, médicaments et produits pharmaceutiques et produits stratégiques ont été ajoutés à la liste.

Donc, au total, il y a jusqu'à présent 15 produits dans la base de données du CEN. Nous espérons que la liste sera étendue à d'autres produits à l'avenir.

4. valeur en douane

Dans ses notes, Achim Rogmann[116] définit l'évaluation en douane comme une procédure appliquée pour déterminer la valeur des marchandises importées où les droits de douane sont calculés en termes ad valorem.

Nous connaissons jusqu'à présent deux systèmes de valeur : la définition bruxelloise de l'évaluation en douane et l'évaluation selon l'article VII du GATT.

Examinons chacune d'elle.

a. Définition de Bruxelles

Selon la définition de Bruxelles, l'évaluation en douane est un système d'évaluation des importations pour l'application des droits ad valorem, adopté en 1953 à la suite des tentatives d'établir une union douanière européenne.[117] La définition de Bruxelles de l'évaluation en douane devrait être le concept théorique. Cela signifie que, dans le cadre de l'évaluation en douane de Bruxelles, un prix normal, c'est-à-dire le prix de concurrence habituel, a été comparé au prix négocié par les partenaires commerciaux. Le prix effectivement payé doit être comparé

---

[116] Achim Rogmann, Customs Valuation Law; the EU Model Brunswick European Law School, August 2008, p3.

[117] http://lawin.org/Brussels- definition of value. Accessed on April 18, 2016.

à ce prix normal et, si nécessaire, ajusté afin de calculer les droits à l'importation. Un prix normal est le prix auquel un produit se vendrait sur un marché libre entre un acheteur et un vendeur indépendants l'un de l'autre, prix fixé pour chaque produit, selon lequel le droit de douane a été déterminé.[118]

L'évaluation de Bruxelles est la méthode utilisée par l'administration des douanes de la RDC jusqu'en 2003. Mais avec le programme de réforme et de modernisation des douanes, cette administration est passée de ce système d'évaluation à celui d'évaluation de l'OMC dont nous parlons dans le point suivant.

b. Évaluation en douane Conformément à l'Accord général sur le tarif et le commerce (GATT) : article VII

L'histoire du GATT de 1994/de l'OMC passe par les accords du Cycle d'Uruguay et de Marrakech.

i. Contexte du cycle de l'Uruguay et des accords de Marrakech

Dans notre mémoire de Master intitulé « Contrefaçon et piratage à l'import et à l'export ; une stratégie de la RDC »[119], nous soutenons que l'humanité a tiré son expérience des conséquences désastreuses et des atrocités des guerres sur les secteurs de la vie humaine, à savoir de la première et de la Seconde Guerre mondiales. Victimisé par ces guerres, le même être humain a tracé des voies différentes pour éviter de telles situations désastreuses à l'avenir et améliorer son bien-être. L'une de ces voies est la libéralisation du commerce par le biais de l'accord de

---

[118] Achim Rogmann, op.cit.,200, pp. 4-5.

[119] Esamba Bokel'Ipoka, Counterfeiting and Piracy in import and export; a strategy of the Democratic Republic of Congo (Master Thesis), Munster University, Germany, 2008, pp. 26-27.

Marrakech issu du Cycle d'Uruguay avec leur ancêtre l'Organisation internationale du commerce (OIT) et l'Accord général sur les tarifs et le commerce (GATT).

Après la crise économique survenue pendant et après la Seconde Guerre mondiale, deux groupes de pays différents tentent de s'asseoir ensemble et trouver le moyen de résoudre le problème en créant l'Organisation internationale du commerce pour réglementer le commerce. D'autres pays également parmi lesquels les États-Unis d'Amérique, le Canada, le Royaume-Uni et d'autres ont entamé d'autres négociations sur le GATT pour obtenir la réduction des droits de douanes. En raison du refus du Congrès américain de ratifier le traité, l'ITO n'a pas été mise en œuvre. Ensuite, un autre groupe composé des États-Unis, du Canada et d'autres a poursuivi les négociations jusqu'à ce qu'ils produisent l'Accord général sur les tarifs et le commerce (GATT de 1947) axé principalement sur le commerce des marchandises. Le GATT de 1947 était un traité international et non une organisation. Son cadre institutionnel était incomplet. Il n'y avait pas de secrétariat, mais seulement quelques organes. Avec le principe de l'engagement unique du GATT de 1947, les gens pouvaient décider de l'obligation de signer. Les membres pouvaient décider de la partie à convenir. En raison de ces faiblesses et afin de trouver un accord de libéralisation des échanges, les négociations ont repris jusqu'à ce que les membres parviennent à l'accord de Marrakech qui a abouti au GATT 1994 ou à l'Organisation mondiale du commerce (OMC).

L'OMC est alors devenue un cadre institutionnel, c'est-à-dire une organisation à part entière. Elle dispose d'un secrétariat composé de différents organes et organes de règlement des différends. Avec l'Organisation mondiale du commerce, l'engagement unique a obtenu un gros avantage en ce sens que si vous êtes silencieux lors d'un vote, vous êtes d'accord. Tous les aspects du commerce et des marchandises sont discutés. L'Organisation mondiale du commerce a produit un ensemble composé de l'Accord général sur les tarifs douaniers et le commerce (GATT), l'Accord général sur le commerce des services (AGCS) et l'Accord général sur le commerce lié aux aspects des droits de propriété intellectuelle (ADPIC). Depuis lors, chaque membre de l'OMC a l'obligation de respecter les prescriptions du paquet. Les membres ont l'obligation d'appliquer l'ADPIC pour protéger les droits de propriété intellectuelle (DPI), etc.

En bref, l'histoire du GATT peut être résumée ainsi qu'il suit : la première étape consacrée aux produits de base et aux tarifs a commencé à partir de 1947, la deuxième étape de 1959 à 1979 a mis l'accent sur la réduction tarifaire et la dernière le Cycle d'Uruguay de 1986 à 1994 qui a produit le GATT de 1994 ou L'OMC ajoute les nouveaux domaines suivants : Accord général sur le commerce des services et Accord général sur les aspects des droits de propriété intellectuelle qui touchent au commerce (ADPIC).[120] Cela signifie que, de ce cycle du 15 avril 1994 à Marrakech, au Maroc, l'accord instituant l'Accord général sur les tarifs douaniers et le commerce (GATT) de 1994, connu sous le nom d'Organisation mondiale du commerce (OMC), est née. C'est ce que Feng,[121] déclare comme l'Accord de Marrakech ratifié selon les procédures nationales et qui est entré en vigueur en 1995 en tant qu'instrument international juridiquement contraignant engageant la responsabilité des États.

Tout lecteur peut se demander : qu'est-ce que la facilitation des échanges ?

---

[120] World Trade Organization, the legal texts, the results of the Uruguay round of multilateral trade negotiations, GATT Secretariat 1994, p 433.
[121] Feng X,Regional trade policy course introduction to the wto legal affairs office, wto secretariat, windhoe, 2006.

À notre avis, la facilitation des échanges implique la libre circulation des marchandises, des capitaux et des services dans le commerce. L'OMC définit la facilitation des échanges comme « la simplification et l'harmonisation des procédures commerciales internationales ».[122] Cependant, le CEFAT-ONU la définit comme « la simplification, la normalisation et l'harmonisation des procédures et des flux associés nécessaires pour déplacer les marchandises du vendeur à l'acheteur et effectuer le paiement OCDE ».[123]

Et pourquoi la libéralisation du commerce ? Et chaque fois que les membres ne parviennent pas à un accord sur la libéralisation du commerce, pourquoi les médias parlent-ils davantage de la question ? Pourquoi les intellectuels font-ils beaucoup de commentaires là-dessus ?

Toute personne impliquée dans l'affaire peut donner sa réponse aux questions posées ci-dessus. Cependant, à notre avis, la question du système commercial multilatéral tel qu'il est énoncé dans les textes juridiques de base de l'OMC vise à élever le niveau de vie, les avantages ou les arrangements réciproques et mutuels. Cela signifie que ce que l'OMC cherchait, c'est une libéralisation du système commercial via la réduction des tarifs, l'amélioration du marché ou l'accès. Une fois cela fait, ce libre-échange aura les effets suivants : la concurrence entre les entreprises, les industries, les secteurs et entre les États membres. Il en résultera des effets bénéfiques sur le bien-être, des économies d'échelle, des innovations, etc.

En somme, la préoccupation de l'Organisation mondiale du commerce est le bien-être de l'homme par le biais du

[122] Andrew Grainger, Trade Facilitation Consulting Ltd, 2008, p. 3.
[123] Andrew Grainger, Trade Facilitation Consulting Ltd, A lecturer in four parts, 2008, p.24.

système commercial multilatéral. C'est pourquoi, une fois les négociations sur le GATT échouées, le monde rencontre de telles réactions.

En ce qui concerne l'OMC, la question suivante doit être discutée.

ii. Impact du GATT de 1994 l'OMC sur le travail douanier

Certaines personnes peuvent se poser de nombreuses questions sur le travail effectué par l'Organisation mondiale du commerce et l'Organisation mondiale des douanes. Une tentative d'explication aux lecteurs de ce qui est réalisé par les deux organisations est la suivante. L'OMC établit le cadre sur lequel les douanes doivent être conçues en fonction du code ou de la législation douanière. L'OMC a une influence sur les douanes, en particulier sur l'union douanière, le libre-échange, etc.

L'Organisation mondiale du commerce et l'Organisation mondiale des douanes sont de bons partenaires et travaillent main dans la main. L'OMC et l'OMD sont des acteurs importants du commerce international. Il est clair que l'OMC négocie des accords commerciaux multilatéraux tandis que l'OMD administre les normes douanières mondiales. Ensemble, leurs rôles complémentaires facilitent la chaine logistique internationale.[124] Cela signifie que l'impact de l'OMC sur les douanes est évident, comme indiqué dans le chapitre consacré aux principes fondamentaux de la politique douanière.

À notre avis, la libéralisation des échanges inscrite dans la CKR, y compris la mise en œuvre du guichet unique, est fondée sur les principes de l'OMC. L'Accord sur la facilitation des échanges est sans aucun doute le travail

---

[124] www.google.org.Accessed on 7 May,2017.

accompli par l'OMC. Il tire ses sources des articles V, VII et X du GATT de 1994.

Aujourd'hui, le calcul de l'évaluation en douane dans différentes administrations douanières membres est basé sur l'article VII du GATT. C'est le fruit de la politique de l'OMC.

La facilitation des échanges étant concernée, considérons le paquet de Bali et la facilitation des échanges comme l'accord GATT/OMC de Marrakech amendé.

iii. Paquet de Bali et facilitation des échanges tels que modifiés selon GATT de Marrakech/Accord de l'OMC

La partie consacrée à l'OMC a montré qu'après la Seconde Guerre mondiale, les membres ont cherché différents moyens de résoudre la crise économique par le biais de différents cycles ou négociations qui ont abouti au GATT de 1947. Le GATT ne pouvant pas accorder l'accès au marché aux pays en développement, il n'a pas résolu le problème de l'agriculture et n'a pas mis l'accent sur le développement des pays en développement, les cycles de Doha ont commencé à aborder ces questions. Malheureusement, ils n'ont abouti à rien parce que les États-Unis et l'UE n'étaient pas disposés à renoncer à leurs subventions agricoles. L'Inde a demandé à ce qu'elle soit autorisée à proroger indéfiniment ses subventions intérieures à l'agriculture, tandis que le Cuba, la Bolivie, le Nicaragua et le Venezuela se sont opposés à la suppression d'un texte relatif à l'embargo américain contre le Cuba.[125] Étant donné que les Membres ne pouvaient pas s'entendre, le Cycle d'Uruguay a commencé et produit le GATT de 1994 ou l'OMC avec de nouveaux domaines qui sont

---

[125] www.thebalance.com/what-is-the-doha-round-of-trade-talks-3306365.Accessed on April 28, 2017.

l'Accord général sur le commerce des services (AGCS) et l'Accord général sur le commerce lié aux aspects des droits de propriété intellectuelle (ADPIC).

Les membres ont continué de négocier à Cancun, Hong Kong, Genève, Nairobi, Paris pour trouver une solution aux problèmes soulevés à Doha, mais sans trouver de compromis. Ces entretiens ont eu lieu avec Pascal Lamy en tant que Directeur général de l'OMC. Mais à l'arrivée de Roberto Azevdo, nouveau directeur général de l'OMC, les pourparlers se sont poursuivis jusqu'à ce que les membres concluent le premier accord multilatéral international sur la facilitation des échanges résolvant leurs divergences soulevées lors des cycles précédents précisément à la 9e conférence de l'OMC à Bali en Indonésie, du 3 au7 décembre 2016.[126]

Dispositions du paquet de Bali

Étant donné que les problèmes qui étaient à l'origine de divergences entre pays développés et pays en développement ou entre les Membres de l'OMC ont été résolus, le premier accord multilatéral sur la facilitation des échanges a fait de ces questions le paquet de Bali. En d'autres termes, les subventions agricoles, l'accès aux marchés pour les pays en développement, la réduction des quotas d'importation pour les pays en développement, la facilitation des échanges qui ont été à l'origine des échecs des conférences de Doha, de Cancun, de Hong Kong et de Genève ont été pris en considération à Bali depuis l'accord des membres. Ces questions constituent ce que nous appelons le « paquet de Bali ».

---

[126] https://www.wikipedia.org/wiki/Bali_package. Accessed on April 28,2017.

Le paquet de Bali mentionné ci-dessus couvre les quatre domaines suivants :

- Facilitation du commerce : simplifier les procédures douanières pour accélérer le transport maritime.

- Développement : accorder aux pays en développement un meilleur accès aux marchés développés.

- Sécurité alimentaire : permettre temporairement aux pays pauvres de stocker autant de nourriture que nécessaire pour les sortir des famines.

- Coton : les quotas sur les importations de coton (par les pays développés) seront supprimés, ainsi que les subventions importantes (des pays émergents).[127]

Cela nous amène à la convention sur la facilitation des échanges convenue ci-après :

• **Accord de l'OMC sur la facilitation des échanges**

Certains lecteurs peuvent se demander pourquoi nous considérons le paquet de Bali comme le premier accord multilatéral conclu par les membres de l'OMC pour faciliter le commerce entre-temps, le GATT, l'AGCS et les ADPIC existent. À notre avis, le paquet du GATT, bien qu'il existe, pose des problèmes concernant l'agriculture, les subventions, la facilitation des échanges et l'accès aux marchés, car aucun consensus n'a été atteint sur cette question.

En outre, si l'on considère les ADPIC par exemple, l'OMC impose aux membres de protéger les droits de propriété intellectuelle (DPI), mais n'impose aucun modèle à suivre. L'OMC recommande aux membres d'adopter toute politique qu'ils souhaitent pour protéger les DPI. C'est peut-être l'une des raisons pour lesquelles l'OMD a

---

[127] Idem.

mis en place un modèle de législation en 1998 pour aider les membres sur cette question.

S'agissant de l'Accord sur la facilitation des échanges, tous les membres étant unanimes sur des questions qui ont été à l'origine des échecs des négociations précédentes de l'OMC, il est considéré comme le premier accord multilatéral. L'Accord sur la facilitation des échanges (AFE) contient douze articles concernant la facilitation des échanges et la coopération douanière dans la section I, dix articles sur le traitement spécial et différencié pour les pays en développement et les pays les moins avancés dans la section II et deux articles sur les arrangements institutionnels et les dispositions finales dans la section III.[128]

Concernant la position de la RDC sur la convention de facilitation des échanges, son gouvernement a entamé un processus de ratification en cours.

Après avoir passé en revue le GATT et ses résultats, revenons à l'évaluation en douane conformément à l'article VII du GATT.

iv. Application de la valeur en douane conformément à l'article VII du GATT

Conformément à l'accord sur la mise en œuvre de l'article VII de l'accord général sur les tarifs douaniers et le commerce de 1994, lors du calcul de la valeur en douane des marchandises afin de percevoir les droits des douanes, les douanes devraient tenir compte de la valeur transactionnelle comme définie à l'article 1er. L'article 1, à lire conjointement avec l'article 8 dit que la valeur en douane des marchandises importées est la valeur transactionnelle, c'est-à-dire le prix effectivement payé ou

[128] Idem.

à payer pour les marchandises vendues pour l'exportation vers le pays d'importation ajusté conformément aux dispositions de l'article 8. L'article 8 stipule, lors de la détermination de la valeur en douane conformément aux dispositions de l'article 1er, qu'il sera ajouté au prix effectivement payé ou à payer pour les marchandises importées.[129] L'Article 8 de l'Accord donne plus de détails sur le sujet.

En bref, dans le cadre de la mise en œuvre de l'article VII du GATT de 1994, si l'article 1er ne peut pas aider à déterminer la valeur, la valeur en douane doit utiliser d'autres méthodes d'évaluation : la valeur transactionnelle de marchandises identiques. Si cela ne marche pas, la méthode d'évaluation des marchandises similaires sera appliquée. Si elle ne marche pas, la méthode déductive doit être appliquée. Si la méthode déductive ne fonctionne pas, la méthode calculée et enfin la méthode de dernier recours doivent être appliquées. L'Accord stipule que les méthodes citées ci-dessus doivent être utilisées dans un ordre hiérarchique, mais il existe un ordre inverse entre les articles 5 et 6. L'Accord de l'OMC (GATT) donne plus de détails sur cette question.

v. La mise en œuvre de l'article VII du GATT en RDC

Comme déjà indiqué, ci-dessus, l'évaluation en douane figurait parmi les questions inscrites dans le programme de réforme et de modernisation de 2003. Pour se conformer à l'OMC sur cette question, en tant que membre de l'OMC depuis le 18 mars 2003, date de la promulgation de la loi n°009/03 sur l'évaluation en douane des marchandises par le Président de la République après son adoption par le

---

[129] WTO Agreement on implementation of Article VII of the General agreement on Tariffs and Trade, Article 1,1994.

Parlement de transition, la RDC a appliqué l'accord d'évaluation de l'OMC pour calculer la valeur des marchandises importées.[130] Cependant, le long de ce livre, l'importance des douanes pour le budget de la RDC en tant que pays en développement a été expliquée. Il a également été fait mention de différents défis auxquels sont confrontées les douanes des pays en développement, en particulier le cas de certaines irrégularités observées pendant le processus de dédouanement des marchandises telles que : renforcement des capacités, évaluation en douane, fraude, corruption, etc., qui ont un impact négatif sur la perception des droits et taxes.

Étant donné que la RDC, en tant que pays en développement, a besoin de recettes fiscales et que les différents défis mentionnés ci-dessus entravent les douanes pour maximiser les droits de douane et les taxes de manière appropriée, la société BIVAC a été autorisée par le gouvernement à effectuer une inspection avant expédition au nom de la RDC depuis le 1er février 2006. Dans le cadre du contrat, l'inspection BIVAC doit couvrir la vérification des documents, la quantité, le prix et la position tarifaire, d'une part, la qualité et la conformité, d'autre part. L'inspection avant expédition s'applique à toutes les importations, quel que soit leur mode de transport. Elle est effectuée sur le lieu de production, de stockage ou d'expédition.[131]

vi. Revue des douanes

Bien que publiée avant la mise en œuvre du programme de réforme et de modernisation des douanes, la Revue des douanes congolaises semble être le support le plus visible

---

[130] Loi n°009/03 du 18 mars 2003 relative à l'évaluation en douane des marchandises par le Président de la République après son adoption par le Parlement.

[131] World Trade Organization, Trade policy review, 11 May, p.38-39.

des douanes de la RDC en ce qu'elle a contribué à la diffusion des activités de cette administration auprès du public pendant la période de réforme et à ce jour.

vii. Renforcement des capacités

Le renforcement des capacités représente différents moyens utilisés par toute administration ou tout service pour atteindre les objectifs qui lui sont assignés. Le renforcement des capacités étant concerné, la formation du personnel des douanes en fait partie et attire toute l'attention de l'administration.

En d'autres termes, depuis 2005, la formation des fonctionnaires des douanes a retenu l'attention du comité de gestion de la DGDA dans la mesure où de nombreuses mesures ont été prises en matière de renforcement des capacités. On peut citer : la formation des douaniers à l'École Nationale des Finances (ENF), les formations douanières de base à Kinshasa, aux Nord et Sud Kivu, à la Province Orientale, dans le Bandundu, au Maniema et à l'ancien Kasaï Oriental. En outre, la formation des agents sur Asycuda à Kinshasa et dans les provinces,sur le code des douanes et autres questions douanières, formations des douaniers à : l'école des douanes de Casablanca au Maroc, l'université de Munster en Allemagne, l'école des douanes belges, l'école des douanes de Tourcoing en France et en Afrique du Sud, Suisse, Mozambique, Zimbabwe, Burkina Faso, Japon, Chine et en Corée du Sud.[132]

En plus des actions citées ci-dessus, des actions sociales ont également été réalisées.

---

[132] Idelphonse Mubibya Silutala, De l'Ofida à la DGDA : le long parcours vers le succès in Revue des Douanes Congolaises 2005-2015 : 10 ans de reformes et performances, numéro spécial, septembre 2015, pp.82-83.

C. COOPÉRATION AVEC LES GROUPEMENTS RÉGIONAUX ET ORGANISATIONS INTERNATIONALES

Selon la théorie de Ricardo et Smith, la libéralisation de l'économie déclenche le bien-être de la population, le développement économique, etc. Aujourd'hui, la Chine semble confirmer la théorie pour la simple raison que contrairement à l'ère Mao où la Chine était en autarcie, elle est devenue la deuxième économie mondiale, car elle est ouverte au monde. Cela signifie que la théorie de Ricardo et Smith peut inciter les nations à signer des accords multilatéraux et bilatéraux pour appartenir à différentes organisations régionales et internationales. Cependant, en raison des difficultés auxquelles les pays sont confrontés par rapport à la mise en œuvre d'accords multilatéraux, l'OMC leur conseille de créer des unions douanières, comme indiqué dans l'article XXIV du GATT, qui stipule que les parties contractantes doivent reconnaître l'opportunité d'accroître la liberté des échanges par le développement,le biais d'accords volontaires, d'une intégration plus étroite entre les économies des pays parties prenantes à ces accords. Ils doivent également reconnaître que le but d'une union douanière ou d'une zone de libre-échange devrait être de faciliter le commerce entre les territoires constitutifs et non de lever des obstacles au commerce d'autres parties contractantes avec ces territoires.[133] Il convient de noter, cependant, que l'union douanière est un groupement régional où différents États ont unifié leurs politiques de commerce des marchandises pour le bien-être de la population et l'atteinte du développement. L'union douanière signifie : « un territoire douanier unique, l'élimination des droits et autres

[133] World Trade Organization GATT, the results of the Uruguay Round of multilateral trade Negociations, 1997, p.458.

restrictions pour la quasi-totalité des échanges originaires des territoires de l'union, un tarif douanier commun et des barrières non tarifaires communes dans les échanges avec les autres territoires ».[134] L'intégration régionale ou la formation d'une union douanière ou d'une intégration économique comporte les étapes suivantes : libre-échange, union douanière, union économique et monétaire.[135]

Cela semble être la raison pour laquelle la RDC est devenue membre de la SADC, du COMESA, de la CEEAC, du CEPGL au niveau régional et également de l'OMD, de l'OMC et des Nations Unies au niveau international.

Parlons brièvement de l'appartenance de la RDC à chaque organisation :

I. Niveau régional

1. Les douanes de la RDC et la CEPGL

La CEPGL est la Communauté économique des pays des Grands Lacs. Il s'agit d'une organisation sous-régionale à vocation multiple créée par la signature de l'Accord de Gisenyi au Rwanda le 20 septembre 1976, visant à assurer la sécurité des États membres, à favoriser la création et le développement d'activités d'intérêt public, à promouvoir les métiers et le trafic des personnes et des biens, à établir la coopération de manière étroite dans tous les domaines de la vie politique, économique et sociale.[136]

---

[134] Michael Lux, Head of Unit, GATTXXIV Taxud/c/4 the formation of Customs union, p.8.

[135] Wieslaw-Czyzowicz, Customs Policy Module-Legal and Practical Approach(Master of Customs Administration Course), University of Muenster, Germany, May 15-16,2008,P.12.

[136] http://en.wikipedia.org/wiki/economic_community_of_ the_great_lake_country. Accessed on 04 June, 2016.

Il comprend trois États membres qui sont : le Burundi, la République démocratique du Congo et le Rwanda. Son objectif est de promouvoir la coopération et l'intégration économiques régionales. La RDC en est devenue membre le 13 juin 1978.

La CEPGL a quelques institutions sous son contrôle : Banque de développement des États des Grands Lacs (BDEGL), les Organisations pour l'énergie de la Communauté économique des pays des Grands Lacs (EGL), etc.[137]

2. Les douanes de la RDC et la SADC

Il est connu dans le monde entier qu'après l'esclavagisme qui a eu lieu entre le XVe et le XIXe siècle, les pays africains sont restés sous la colonisation. Si certains d'entre eux comme la RDC en Afrique centrale ont obtenu leur indépendance vers 1960, ce n'était pas le cas des pays d'Afrique australe. Par exemple, l'Afrique du Sud était dirigée par une minorité d'hommes blancs sous le Régime d'apartheid. Autrefois, la Rhodésie du Sud, le Zimbabwe était sous la colonisation britannique. C'est pourquoi, pour lutter contre l'apartheid, les pays d'Afrique australe ont décidé d'unir leurs efforts via la diplomatie, la politique et l'armée. Cela a conduit à la naissance de la Conférence de coordination du développement de l'Afrique australe (SADCC).[138] Cela signifie que, même si la SADCC avait poursuivi des objectifs différents, le principal était de se libérer de l'oppression de l'homme blanc dans leur patrie, en particulier en Afrique du Sud où l'apartheid est devenu amer. En 1990, le président sud-africain Frederick De Klerk

---

[137] http://en.wikipedia.org/wiki/economic_community_of_the_great_lake_country. Accessed on 04 June, 2016.

[138] en.wikipedia.org/wiki/southern_African_Development_community.Accessed on 04 june, 2016

a pris deux décisions importantes. La première décision a été de lever l'interdiction de l'ANC (Congrès national africain dirigé par Nelson Mandela qui a passé 27 ans en prison pour revendiquer l'égalité entre les Noirs et les Blancs) et de plusieurs autres organisations anti-apartheid. La seconde a été la libération de Nelson Mandela le 11 février 1990 après 27 ans, 6 mois et 6 jours d'emprisonnement.[139] C'était l'effondrement ou la fin de l'apartheid en Afrique du Sud.

En d'autres termes, la libération de Nelson Mandela a conduit à l'abolition de l'apartheid et à l'arrivée de la démocratie en Afrique du Sud, en particulier avec son élection comme premier président noir en 1994. Cette situation a eu un impact sur la politique de la région de l'Afrique australe.

En 1992, la SADCC est devenue la SADC (Communauté de développement de l'Afrique australe).[140] Comme la SADCC, la SADC poursuit de nombreux objectifs, mais le principal est l'intégration régionale pour le bien-être des citoyens de la communauté. Les États suivants sont membres de la SADC : Botswana, Angola, Lesotho, République démocratique du Congo, Malawi, Madagascar, Maurice, Comores,

Afrique du Sud, Mozambique, Namibie, Seychelles, Swaziland, Tanzanie, Zimbabwe et Zambie. La RDC est devenue membre de la SADC depuis 1996 avec l'arrivée de l'Alliance des forces démocratiques pour la libération du Congo (AFDL) dirigée par Laurent Désiré KABILA.

Concernant la SADC, sur 16 membres, l'Angola, le Malawi, la RDC et les Seychelles n'ont pas encore adhéré à l'ALE depuis son lancement en 2008. Outre l'ALE, il est

---

[139] https://www.sadc.int/member-states.Accessed on 08June, 2016
[140] Idem.

prévu la mise en place d'une union douanière en 2010, l'opérationnalisation du marché commun en 2015 et l'utilisation d'une monnaie unique d'ici 2018. Des progrès ont été réalisés au sein de cette communauté dans la mise en œuvre de l'ALE, notamment la révision des règles d'origine, la suppression des barrières ou des barrières non tarifaires. Pour une meilleure mise en œuvre de son programme d'intégration, la SADC a établi un Plan régional indicatif de développement stratégique (DPRIS) qui s'aligne sur les objectifs du Millénaire pour le développement et couvre les domaines de l'industrialisation, les questions économiques et sociales.[141]

3. Les douanes de la RDC et le COMESA

Dans la culture traditionnelle africaine, les gens vivaient dans des familles élargies où le père, la mère, les enfants, leurs frères, sœurs, cousins…étaient ensemble. Malgré l'impact de la colonisation (culture occidentale) sur la tradition africaine, vivre en communauté est purement africain.

Pourtant, nous savons que la création d'une union douanière est conforme à l'article XXIV de l'Organisation mondiale du commerce. Dans un sens plus large, elle est également conforme à la culture africaine en ce que tant dans l'union douanière que dans la culture africaine, les gens pensent ensemble, ils sont ensemble, ils appartiennent au même pays, il existe des travaux en équipe. Autrement dit, les gens travaillent ensemble, etc.

En ce qui concerne la SADC, elle a été créée après le COMESA, mais elle semble être principalement composée de pays anglophones d'Afrique australe à part la

[141] www.sadc.org.Accessed on 04 June, 2016.

République démocratique du Congo, le Mozambique, l'Angola, le Madagascar, l'ile Maurice et les Seychelles bien que certains d'entre eux aient été ou soient encore membres du COMESA.

Qu'est-ce que le COMESA ? C'est le Marché commun de l'Afrique orientale et australe. Le COMESA a été créé en décembre 1994, remplaçant une zone commerciale préférentielle qui existait depuis 1981.

En 2008, le COMESA a accepté une zone de libre-échange élargie comprenant des membres de deux autres blocs commerciaux africains : la Communauté d'Afrique de l'Est (CAE) et la Communauté de développement de l'Afrique australe (SADC).[142] Les États membres du Comesa sont les suivants : Comores, République démocratique du Congo, Angola, Djibouti, Burundi, Égypte, Éthiopie, Érythrée, Kenya, Maurice, Madagascar, Malawi, Ouganda, Rwanda, Seyschelles, Soudan, Zambie, Swaziland et Tanzanie. La RDCongo l'a rejoint le 21 décembre 1981 depuis la zone commerciale préférentielle.[143]

Kiesse soutient que quatre membres, dont la RDC, finalisent le processus d'adhésion au COMESA. Pour la RDC, une réduction tarifaire est prévue sur trois ans, un processus appelant à une libéralisation progressive des droits (tarif), à raison d'une réduction de 40 % des tarifs la première année, 30 % la deuxième année et 30 autres la troisième année.

---

[142] Maximilien Kiese –a-Ngunda, « A travers la DGDA, la RDC en plein dans les communautés économiques régionales »,2015 10 ans de réformes et performances, Revue des Douanes Congolaises, numéro spécial, septembre 2015-2015,pp.43-44.

[143] https://en.wikipedia.org/wiki/common_market_for_Eastern_and_Southern_Africa.Accessed on 17 june,2016.

L'effectivité de cette réduction de droits doit être prise en compte dans le taux des droits et taxes à l'importation par voie législative, dont l'application inclura deux taux de droits de douane, l'un réservé aux États membres du COMESA et aux autres non-membres. Au terme de ces trois années de libéralisation progressive, les produits du COMESA seront soumis à zéro pour cent des droits de douane incarnant ainsi l'adhésion de la RDC à la zone de libre-échange.[144] Il convient de noter que la CAE, le COMESA et la SADC ont entamé des négociations pour l'unification.

4. Les douanes de la RDC et la Communauté économique des États de l'Afrique centrale (CEEAC)

La CEEAC[145] est une Communauté économique de l'Union africaine pour la promotion de la coopération économique régionale en Afrique centrale. Elle vise à atteindre l'autonomie collective, à élever le niveau de vie de ses populations et à maintenir la stabilité économique de manière harmonieuse. La Communauté économique des États de l'Afrique centrale a été créée par le traité de Libreville en 1983.[146]

Les États membres de la CEEAC sont : le Cameroun, le Burundi, la République centrafricaine, le Tchad, la Guinée équatoriale, le Gabon, Sao Tomé et Principe, la République du Congo et la République démocratique du Congo qui en est devenue membre le 18 octobre 1983.[147]

---

[144] Ibidem. Accédé le 04 June,2016

[145] En français : Communauté Economique des États de l'Afrique Centrale, CEEAC

[146] Maximilien Kiese –a-Ngunda,op.cit,p.43-44.

[147] https://en.wikipedia.org/wiki/Economic_community_of_central_ African_state. Accessed on 17 june, 2016.

Comme le montre sa date de création, la CEEAC existait avant le COMESA et la SADC et avait défini ses étapes d'intégration. Mais, en raison des problèmes économiques et des guerres qui se sont produits dans certains de ses États membres tels que le Burundi, la République centrafricaine, le Congo, la RDC, cette communauté n'a pas encore pu mettre en œuvre sa politique d'intégration. Cependant, le COMESA et la SADC ont fait un pas en avant puisque les deux ont commencé à mettre en œuvre leurs processus d'intégration étape par étape.

Il convient toutefois de noter que l'absence de mise en œuvre de ce programme d'intégration est également devenue la préoccupation de la communauté.[148]

II. Niveau international

1. Les douanes de la RDC et l'Organisation mondiale des douanes

L'Organisation mondiale des douanes est issue d'un groupe d'étude formé pour examiner les problèmes douaniers identifiés par le GATT. Elle a été créée en 1948, d'abord en tant que comité des douanes de ce qui était après la Seconde Guerre mondiale le Comité de coopération économique européenne. Ensuite en 1952, le comité est devenu le Conseil de coopération douanière (avec 17 membres fondateurs, tous européens). Enfin en 1994, pour reconnaître sa croissance mondiale, elle a adopté le nom d'Organisation mondiale des douanes (OMD).[149] Mais son nom officiel reste Conseil de coopération douanière.

L'Organisation mondiale des douanes compte aujourd'hui 182 États membres. Aaron Cianyi Kayembe

148 Idem.

149 World Customs Organization, Diary 2018 p.11. see also www.google.com. Accessed on 07 May, 2018.

déclare que la RDC est devenue membre de l'OMD depuis le 26 juillet 1972.[150]

L'Organisation mondiale des douanes a été créée pour garantir le plus haut degré d'harmonie et d'uniformité des systèmes douaniers et, en particulier, d'étudier les problèmes inhérents au développement et à l'amélioration des techniques douanières et de la législation douanière, dans l'intérêt du commerce international. Elle a pour fin de promouvoir la coopération entre les gouvernements dans ces domaines, en tenant compte des facteurs économiques et techniques qui y sont impliqués. Il s'agit d'un organisme intergouvernemental indépendant dont la mission est d'améliorer l'efficacité et l'efficience des administrations douanières.[151]

C'est donc une organisation mondiale compétente en matière d'expertise douanière qui joue un rôle important dans le développement et la réponse aux besoins des membres en matière douanière. Comme le montrent son objectif et sa définition, l'OMD est une organisation internationale de référence en matière de douanes, car elle fournit aux membres affiliés différents instruments et outils tels que :

a. La Convention de Kyoto révisée (CKR)

Tout au long de ce livre, nous avons cité à plusieurs reprises la convention de Kyoto révisée.

Il est important de signaler qu'avant tout, il y a eu la Convention de Kyoto qui a été adoptée en tant que convention internationale sur la simplification et

---

[150] Aaron Cianyi Kayembe, Deo Rugwiza, une décennie d'un management basé sur la bonne gouvernance et l'éthique professionnelle, Kinshasa, 2015.p.32-33.
[151] http:// www.wcoomd.org/en/about-us/what-is-the-wco.aspx.Accedé le 04 juin 2016.

l'harmonisation des procédures douanières le 19 mai 1973 et est entrée en vigueur en 1974.[152] Cependant, étant donné que la manière dont elle était structurée n'était pas bonne pour appliquer un niveau élevé d'harmonisation, sa révision est devenue obligatoire. Ensuite, la Convention de Kyoto révisée a été élaborée et est entrée en vigueur en février 2006. Elle est considérée comme un modèle en termes de procédures douanières simples et efficaces pour le 21e siècle.[153]

Ainsi, bien que certaines de ses faiblesses nécessitent une nouvelle révision, la Convention de Kyoto révisée est considérée comme l'épure de la douane moderne en termes de facilitation et de simplification des procédures douanières à ce jour. Elle montre aux douanes différentes voies pour réformer et moderniser leurs administrations. C'est pourquoi elle est perçue comme une clé dans le cadre des normes dans les réformes de toutes les législations douanières aujourd'hui. De nombreuses administrations comme la République démocratique du Congo ont réformé leur code des douanes en s'y référant malgré sa non-ratification par ce pays. La CKR recommande aux douanes d'utiliser la gestion des risques pour trouver un équilibre entre le contrôle et la facilitation. Pour renforcer le contrôle douanier, elle recommande que les douanes recherchent la coopération et concluent des accords d'assistance mutuelle administrative avec d'autres administrations douanières et des protocoles d'accord avec le secteur privé. La CKR recommande aux douanes d'utiliser les technologies de l'information pour échanger des informations entre les administrations douanières. Cela nécessite l'utilisation de

---

[152] World Customs Organization, compliance and facilitation directorate, facilitation and procedures sub-directorate, p.2.

[153] World Customs Organization, the Revised Kyoto Convention, General Annex guidelines, World Customs Organization 2000,p.2.

l'informatisation pour faire une bonne analyse des risques et la mise en œuvre d'un guichet unique pour une bonne gestion des frontières, en particulier la coopération entre les douanes et les autres agences évoluant aux frontières, etc.[154]

b. Convention d'Istanbul

La Convention d'Istanbul est un instrument unique pour les formalités de la simplification et l'harmonisation de l'admission temporaire signée en 1990. Elle a remplacé toutes les conventions portant uniquement ou principalement sur l'admission temporaire.[155]

c. Système Harmonisé (SH)

En 1991, l'OMD a lancé une initiative pour améliorer le classement des marchandises en douane, en particulier les problèmes rencontrés par les pays en développement sur cette question. Certaines missions de diagnostic ont été envoyées dans différents pays. Le but était de constater des problèmes de procédure dans le classement des marchandises dans les pays en développement, car une bonne et uniforme classification des marchandises facilite le commerce et l'investissement, favorise le respect des lois commerciales et réduit les pertes de recettes. Après ces missions, l'OMD a produit une bonne recommandation de modèle de classification en 1998.[156]

d. Cadre de normes Safe (FOS)

Comme mentionné ci-dessus, le rôle de la douane au 21^{ème}siècle est la sécurité et personne n'ignore l'influence de l'Occident sur différents secteurs de la vie humaine : politique, économie, religion, etc., en particulier les États-

---

[154] Ibidem, p.25.

[155] World Customs Organization, Istambul Convention, p3.

[156] World Customs Organization, Convention on Harmonized System.

Unis d'Amérique dans la société moderne. Il semble que c'est à la suite des attaques du 11 septembre 2001 qui ont eu lieu au World Trade Center en Amérique, que la sécurité est devenue un nouveau paradigme au niveau de la douane, principalement la sécurité de la chaîne logistique internationale. L'attention des douanes dans de nombreux pays est passée du contrôle des importations à l'exportation. En l'occurrence : la Chine, Singapour, l'Australie.

Les attaques terroristes en Amérique semblent être l'une des raisons pour lesquelles l'OMD a mis en œuvre le Cadre de normes SAFE (FOS) en 2006 pour sécuriser la chaîne logistique internationale.

En bref, ce FOS a commencé avec deux piliers qui sont la coopération douane-douane et la coopération douane-secteur privé. Un autre pilier, la coopération entre la douane et d'autres services, notamment aux frontières, a été ajouté.

• Coopération douane-douane :

La coopération douane-douane comprend : la gestion intégrée de la chaîne logistique internationale, la technologie, la gestion des risques, l'information préalable, l'intégrité, les évaluations de la sécurité, la coopération douanière.[157]

Comme indiqué dans la partie CKR, le premier pilier du FOS est nécessaire, car il permet un contrôle douanier efficace tant à l'importation et qu'à l'exportation.[158] Tout en effectuant le travail au BRLR Afrique centrale, l'expérience a montré que pour avoir suffisamment d'informations sur les produits CITES, par exemple de notre région, qui sont saisies en Asie-Pacifique, la

[157] World Customs Organization, Data Model, 2006, p. 16.
[158] Idem.

coopération entre les administrations douanières de l'Afrique centrale et de l'Asie-Pacifique via les Bureaux régionaux de liaison et de renseignement pour l'Afrique centrale (BRLR–AC) et pour l'Asie-Pacifique (BRLR-AP) était le moyen de communication unique.

- **Coopération entre douanes et secteur privé**

Cette coopération comprend : partenariat, sécurité, autorisation, technologie, communication et facilitation.[159]

Pour commencer, comparons ce pilier à la pédagogie traditionnelle et moderne. Dans la pédagogie ancienne, l'enseignant était le centre de l'éducation en ce sens qu'il faisait tout sans le consentement des élèves. En tant que dictateur, les élèves étaient obligés d'obéir à tout, bon ou non.

C'est pourquoi les élèves ont parfois appris par cœur certaines leçons sans vraiment les comprendre. Malgré ses faiblesses, l'ancienne pédagogie a eu de nombreuses réalisations, en particulier en RDC, où les gens considèrent que l'éducation reçue autrefois était meilleure que celle que les élèves reçoivent de nos jours, minée par de nombreuses irrégularités.

À notre avis, il est compréhensible que l'ancienne éducation ait été meilleure que l'éducation de nos jours, car dans le passé, les gens avaient de bonnes conditions de vie. Mais, du fait que l'ancienne pédagogie ne considérait pas l'élève comme le centre de l'éducation, les pédagogues modernes, après différentes expérimentations, sont parvenus à la conclusion que l'élève est la pierre angulaire ou le centre de son éducation. Par conséquent, toute éducation doit tenir compte de ses besoins. L'élève doit recevoir une éducation en rapport avec ses capacités, son

[159] Idem.

niveau et ses intérêts. Un enseignement basé sur les besoins des élèves donnera les résultats escomptés. C'est même le fondement de la pédagogie moderne, pourquoi pas de la psychologie de l'enfant moderne.

La question de la pédagogie ancienne et moderne mentionnée ci-dessus se rapporte au deuxième pilier du cadre de normes tout en parlant de la conformité douanière et de la non-conformité douanière dans la mesure où dans la non-conformité douanière, la douane faisait tout sans aucun accord ni dialogue avec le secteur privé. Cependant, les lois ainsi appliquées par les douanes ont eu un impact négatif sur le secteur privé.

Comme la pédagogie moderne, le deuxième pilier du cadre de normes a compris l'enjeu et revendique une coopération avec le secteur privé via le processus consultatif mis en place par l'OMC. Bien que difficile, il est nécessaire en douane, car les mesures mises en œuvre sont coûteuses pour les entreprises et doivent leur demander de l'argent. Le dialogue permet de convaincre le secteur privé en lui accordant certains privilèges tout en accomplissant leurs formalités douanières ou leur travail.

Ici, la notion d'opérateur économique agréé (OEA) devient très importante, car, grâce à la mise en œuvre de l'OEA, vous pouvez convaincre le secteur privé qu'il obtiendra la facilitation, la sécurité, etc. tout en faisant ses affaires avec la douane.

- **Coopération entre les douanes et d'autres services**

Notre expérience en qualité de fonctionnaire des douanes dans les pays en développement montre que lors de l'exécution de notre mission sur le terrain, des conflits surgissent parfois entre la douane et d'autres agences lorsqu'il s'agit de partager l'indemnité journalière après un service rendu ou des avantages liés à un service. Étant donné que d'autres services estiment que la douane obtient plus de privilèges qu'eux, la coopération avec ces services devient obligatoire. La coopération via le guichet unique est bénéfique, car tout le monde obtient le fruit de son service. En conséquence, cela facilite l'échange d'informations, une bonne collaboration, une meilleure coopération pour lutter contre la fraude et éviter la corruption, car tous les services se sentent travailler en équipe.

e. Déclaration d'Arusha

À l'échelle mondiale, les douaniers sont perçus comme des personnes corrompues qui travaillent au détriment des deniers publics. Cela signifie que, considérés comme corrompus, les douaniers sont également des déclencheurs de fraude. Pour résoudre le problème, les membres de l'OMD ont signé la déclaration d'Arusha qui vise à aider les douaniers à lutter contre la corruption dans leur travail. Elle se concentre même sur la publication d'un code de conduite pour eux dans cette entreprise.

f. Guide de mise en œuvre du contrôle aux échanges de nature stratégique (ACES)

Comme indiqué au chapitre 3, dans le cadre de son programme de sécurité, l'OMD a produit le Guide de mise en œuvre du contrôle aux échanges de nature stratégique (ACES) qui répond aux demandes d'assistance pratique des membres de l'Organisation mondiale des douanes (OMD) concernant l'application des contrôles aux échanges de nature stratégique. Il devrait servir de guide aux membres de l'OMD dans l'élaboration et la révision des contrôles aux échanges de nature stratégique (ACES).[160]

---

160 World Customs Organization, Strategic Trade Control enforcement (STCE), Implementation guide, p.7.

g. Assistance mutuelle administrative (AMA)

Un dicton Ndengese énonce, « Bovo bomoko apaketaka basa bamfulu bape ». Cela signifie qu'une seule main ne peut pas tenir deux petits oiseaux. Pour être clair, une personne ou une entreprise ne peut s'autosuffire. Elles auront toujours besoin d'autres personnes. Ce dicton concerne la douane dans sa lutte contre la fraude en ce sens que la douane a besoin d'une coopération avec d'autres douanes pour réussir sur cette question. C'est la raison pour laquelle, en 2003, l'OMD a produit l'assistance administrative mutuelle pour se fournir mutuellement des services administratifs en matière de prévention, d'enquête et de lutte contre les infractions douanières et pour assurer la sécurité de la chaîne logistique internationale.[161]

h. Réseau douanier de lutte contre la fraude (CEN)

L'OMD a mis en place le Réseau douanier de lutte contre la fraude (CEN) avec ses applications. Le CEN est une base de données des saisies et délits douaniers, comprenant des données non nominatives pour l'analyse du trafic illicite dans les différents domaines de compétence douanière. En plus de cela, la plateforme CENcomm (Customs Enforcement Network Communication) a été conçue comme un système web permettant à un groupe fermé d'utilisateurs d'échanger des messages via des canaux cryptés, en temps réel, 24 h/24 pour la durée d'une opération ou d'un projet. Le réseau douanier national de lutte contre la fraude (nCEN),est lui aussi un système développé par l'OMD pour aider les administrations des douanes à collecter et à stocker des informations sur l'application des lois au niveau national, avec la possibilité supplémentaire d'échanger ces informations aux niveaux régional et international.[162] Outre

---

[161] WCO,Mutual Aministrative Assistance, Article 2.
[162] WCO, leaflet sharing connecting and bridging.

ces applications, il existe également le site Web du CEN contenant diverses mesures d'application liées aux rapports, publications et alertes analytiques. Par conséquent, le CEN est une base de données internationale qui recense les saisies et les infractions douanières à des fins de renseignement. Ces données ne sont pas nominales. CENcomm est un outil ou une plateforme sécurisé pour la communication pendant un projet ou une opération. Par exemple l'opération de gardien de but liée à la lutte contre la contrefaçon et le piratage des équipements de football de la coupe du monde 2018 en Russie, plateforme environet (projet) dédiée à la communication sur les saisies, informations relatives aux produits CITES. Cependant, le nCEN est une base de données nationale qui comprend les saisies et les délits liés à la fraude.

En conséquence, le CEN et le nCEN présentent à la fois des similitudes et des différences. Leurs similitudes résident dans le fait qu'il s'agit de bases de données, elles comprennent des saisies et des délits à des fins de renseignement.

Cependant, leurs différences résident dans le fait que le CEN est une base de données internationale, tandis que le nCEN est une base de données nationale.

La base de données CEN comprend des données non nominales, mais nCEN comprend des données nominales.

Faisant partie du CEN, l'OMD a mis en place un centre d'information et de renseignement (I2C) à son siège pour faciliter la communication et la coordination sur les questions de conformité douanière et d'application de la loi.[163]

---

[163] www.wcoomd.org. Accèdé le 02 Juin,2018.

i. Interface Public Membre (IPM)

Interface Public Membre a été créé pour permettre aux agents de première ligne de lutter contre la contrefaçon et le piratage tout en effectuant leur travail sur le terrain. IPM permet d'identifier les produits authentiques et contrefaits.

Il convient toutefois de noter que l'OMD a mis en œuvre, outre les outils susmentionnés, d'autres instruments et outils d'évaluation, par exemple un recueil d'évaluation en douane, bien que non contraignant pour les administrations douanières, mais qui peut inspirer certains membres. Malgré l'absence de signature d'une convention acceptée sur les règles d'origine, il existe un guide de mise à jour technique des règles d'origine préférentielles. Le programme Columbus pour le renforcement des capacités dans différentes administrations a été mis en œuvre.

Au niveau régional, l'OMD a créé certaines entités régionales à l'instar de onze bureaux régionaux de liaison et du renseignement (BRLR) dans ses six régions pour collecter et analyser des données ainsi que diffuser des informations sur les tendances, les modes opératoires, les itinéraires et les cas importants de fraude.[164] C'est-à-dire lutter contre la fraude liée au trafic illicite et diffuser des informations via une administration mutuelle entre les différents membres. Le réseau travaille avec le Réseau douanier de lutte contre la fraude (CEN) et comprend 3 parties prenantes. Le Secrétariat de l'OMD au niveau international, le Bureau régional de liaison et du renseignement au niveau régional et le point de contact national au niveau national. Ce réseau est connu sous le nom du réseau mondial du renseignement (RMR). L'OMD a également créé : les Bureaux régionaux de renforcement des capacités (BRRC) pour suivre le processus de réforme

---

[164] Idem.

et de modernisation des administrations douanières, les Centres régionaux de formation (CRF) pour dispenser différentes formations à ses membres, les laboratoires régionaux des douanes pour leurs anciens membres à la production des produits chimiques et à l'analyse des échantillons de produits chimiques pour la classification du SH et le contrôle du commerce et les Centres régionaux de formation canine (CRFC)pour lutter contre le commerce illicite utilisant des chiens sur cette question.[165] La liste des outils et instruments de l'OMD n'est pas exhaustive.

2. Douanes de la RDC et l'Organisation mondiale du commerce (OMC)

De prime abord, parlons du commerce dans les temps anciens. Comme expliqué dans le premier chapitre, chaque région géographique avait sa façon de faire le commerce. En ce qui concerne le commerce de marchandises en Afrique traditionnelle en République démocratique du Congo, en particulier sur le territoire Dekese, il était principalement basé sur l'échange de marchandises au moyen de cauris (Isangi en langue Ndengese), comme l'a indiqué BAMBA. Pour en revenir à Asakura, il est très difficile de dire exactement à quelle période la douane a commencé. Cependant, certains textes écrits tels que Portorium pour les Romains, le fait que les diplomates étaient déjà exonérés de droits de douane, la doctrine de Colbert en France, l'exportation de cuivre et de métal au Katanga avant la colonisation mentionnée dans le premier chapitre, montrent comment les douanes ont commencé il y a longtemps, bien qu'elles n'aient pas été officiellement nommées douanes.

Pour en revenir à l'Afrique traditionnelle, caractérisée par la tradition orale comme source d'information, il était

[165] World Customs Organization, Diary 2018,pp 35-37.

difficile de dire à partir de quelle époque le commerce des marchandises avait existé. De plus, les principes régissant cette source d'informations parfois incarnés dans des proverbes, des contes, etc. étaient réellement conservés par un groupe de personnes principalement des personnes âgées qui les transmettaient de génération en génération. C'est pourquoi, en paraphrasant Amadou HAMPATE BA, la mort d'un vieil homme équivaut à la perte d'une bibliothèque. Ainsi, étant considéré comme une personne de référence ou sage dans la société, chaque fois qu'un vieil homme décède, il y a une perte dans la société concernée. En raison du fait que la tradition orale incarne certaines faiblesses, notamment le manque d'archives, la distorsion d'informations à travers un phénomène de rumeurs provoquant parfois des violences, des malentendus, etc., la source écrite a été perçue comme un excellent moyen de communiquer ou de mettre en œuvre la législation relative à n'importe quel domaine via les documents. Elle permet par exemple au signataire d'accords que les parties prenantes doivent respecter, tout en traitant du commerce. C'est le cas de l'OMC, y compris ses lois sur les consolidations liées à la facilitation des échanges et au règlement des différends pour résoudre les conflits au cas où les parties prenantes ne parviendraient pas à des accords. C'est pourquoi ce système commercial multilatéral est devenu une loi internationale pour réglementer le commerce international entre les membres affiliés.

L'OMC a été présentée en profondeur dans la partie consacrée au GATT. Donc, point n'est besoin de revenir sur cette question.

En bref, elle a officiellement vu le jour le 1er janvier 1995 dans le cadre de l'Accord de Marrakech, signé par 123 pays, le 15 avril 1994, remplaçant l'Accord général sur les tarifs douaniers et le commerce (GATT), entré en vigueur en 1948. L'OMC traite de la réglementation du commerce entre les pays participants en fournissant un cadre pour les négociations d'accords commerciaux et un processus de règlement des différends visant à faire respecter le processus de résolution en conformant l'adhésion des participants aux accords de l'OMC, qui sont signés par des représentants des gouvernements membres et ratifiés par leurs parlements. La RDC en est devenue membre depuis le 1er janvier 1997.[166]

3. Douanes de la RDC et Nations Unies

Le nom « Nations Unies », inventé par le président des États-Unis Franklin D. ROOSEVELT, a été utilisé pour la première fois dans la Déclaration des Nations Unies du 1er janvier 1942, pendant la Seconde Guerre mondiale, lorsque des représentants de 26 nations ont promis à leurs gouvernements de continuer à lutter ensemble contre l'axe des puissances. L'Organisation des Nations Unies a officiellement vu le jour le 24 octobre 1945.[167]

Comme l'indique l'appellation, les Nations Unies sont une organisation internationale qui regroupe plusieurs gouvernements ou États. Elles ont une charte qui leur donne le pouvoir de résoudre les problèmes auxquels l'humanité est confrontée par le biais de négociations, de dialogues et d'accords. Ces problèmes sont les suivants : changement climatique, paix et sécurité, développement durable, droits de l'homme, désarmement, terrorisme, urgences humanitaires et sanitaires, égalité des sexes, gouvernance, production alimentaire, etc.[168]

---

[166] https://en.wikipedia.org/wiki/world_trade_organisation. Accèdé le 12.06.2016.
[167] http://www.un.org/en/sections/history/history-united-nations/ Accedé le 04/05/2018.
[168] Idem.

En tant qu'organisation puissante ayant des obligations contraignantes, sa charte donne à l'ONU le pouvoir de prendre des résolutions et d'imposer des sanctions, des embargos, etc. lorsque les membres ne se conforment pas ou, dans certains cas, empêchent une situation dangereuse de se produire dans un État donné. C'est le cas de la résolution 1540 à appliquer par les administrations douanières des États, car il est difficile pour l'ONU de mettre en place des mesures de sécurité aux frontières sans la douane. La RDC est devenue membre des Nations Unies depuis le 20 septembre 1960.[169]

Après avoir parcouru toutes les organisations, en particulier les organisations régionales, une question importante que nous pouvons poser est : vu que l'OMC encourage ses membres à créer des unions douanières et la RDC appartient à plusieurs organisations, la multi-appartenance SADC, COMESA, CEPGL et CEEAC, représente-t-elle une solution pour son intégration régionale ? Cette question est un autre sujet de recherche que nous avons développé dans le programme Picard 2013.

Ce livre, sans véritablement s'y atteler en profondeur, va à titre d'information, aboutir à la conclusion selon laquelle la RDC doit appartenir à une union douanière et à une ZLE, car une fois membre de différentes organisations régionales, un conflit peut surgir dans l'application des lois (législation, tarifs) dans chaque organisation. Pour plus de détails, voir Jean-Paul ESAMBA BOKEL'IPOKA, « Multiappartenance, SADC, COMESA et CEEAC, une solution pour l'intégration régionale de la RDC » au Programme Picard 2013.

---

[169] Idem.

CHAPITRE 5 :

L'AVENIR DE LA POLITIQUE DOUANIÈRE EN RDC

Ce chapitre traite du futur de la politique douanière de la RDC. Il suggère également ce qu'il faut faire après la mise en œuvre du programme de 2003 ou de tout autre programme à venir de réforme et de modernisation des douanes de la RDC.

A. DÉTERMINANTS DE LA FUTURE POLITIQUE DOUANIÈRE

Un déterminant peut être défini comme un facteur qui décide si ou comment quelque chose se produit. Noël COPIN[170] considère quatre déterminants de l'avenir de la politique douanière. Ils sont : l'intégration des tâches non fiscales dans un contexte de sécurité, des contrôles physiques en un point à la certification de l'ensemble de la chaîne logistique internationale, de l'exécuteur testamentaire au coordinateur des données et des contrôles sur les marchandises ayant un pays tiers comme lieu d'origine ou de destination et passer de l'ère du papier à l'ère numérique. Passons en revue chaque déterminant.

[170] Czysowich, op. cit. ,2008, p.18-26.

I. Intégration des tâches non fiscales dans le contexte de la sécurité

Dans l'exercice de leurs fonctions, les douaniers des pays en développement s'intéressent principalement aux droits de douane qui restent la priorité du gouvernement et la source la plus importante du budget de l'État.[171] L'intégration des tâches non fiscales dans le contexte de la sécurité implique que les questions liées à la santé et à la protection des consommateurs, à la sécurité sanitaire des aliments et aux risques environnementaux, aux risques en matière de sécurité publique, au commerce illicite d'armes, de drogues, de CITES, de contrefaçon et de piratage, de monnaie, de patrimoine culturel, la lutte contre la criminalité et le terrorisme[172] est très importante dans le travail des douaniers et devrait mériter une attention particulière. Ainsi, l'intégration interne avec différents partenaires tels que la police, l'immigration, la quarantaine, les affaires économiques et autres serait très cruciale pour lutter contre ces risques.

Concernant la RDC, en tant que pays en développement, bien que le rôle fiscal soit la priorité du gouvernement, tout en accomplissant leur travail, les douaniers de ce pays doivent considérer la perception des recettes comme une routine, car c'est le rôle principal des douanes existant depuis des lustres dont ils ont fait une habitude en se concentrant par exemple sur les erreurs de classification tarifaire, l'évaluation en douane, la fraude à l'exemption. Désormais, les officiers congolais doivent beaucoup

---

[171] Michael Lux Guide to Community Customs Legislation, Bruylant, 2002, p.2.

[172] Noel Copin cited by Czyzowicz in Customs Policy Module-Challenges and Future Master of Customs Administration Course, University of Muenster, Germany, May,15-16,2007, pp18-28.

insister sur les risques mentionnés ci-dessus pour leur sécurité dans le travail.

II. Des contrôles physiques en un point à la certification de l'ensemble de la chaîne d'approvisionnement

En parlant de certification, ce qui vient en premier lieu à l'esprit est un document officiel accordé à une personne qui a réussi un examen, assisté à une conférence, un séminaire ou une formation professionnelle, etc. Il existe différentes définitions de la certification. Dans notre contexte, la Certification peut être un outil utile pour ajouter de la crédibilité, en démontrant que votre produit ou service répond aux attentes de vos clients. Pour certaines industries, la certification est une exigence légale ou contractuelle, la fourniture par un organisme indépendant d'assurance écrite (un certificat) que le produit, le service ou le système en question répond à des exigences spécifiques.

En douane, la certification est très importante, car elle est la base d'un partenariat efficace. Elle permet une garantie de respect des droits, des garanties de conformité aux mesures économiques, une garantie de sécurité pour toute la chaîne d'approvisionnement du fabricant au consommateur, la facilitation des procédures douanières, une collecte plus facile des données, etc.[173]

III. De l'exécuteur au coordinateur des données et des contrôles sur les marchandises ayant un pays tiers comme lieu d'origine ou de destination

La question de l'exécuteur et du coordinateur montre le rôle des douanes dans la chaîne logistique internationale. Il convient d'affirmer que du producteur au consommateur, les marchandises passent par les frontières et la douane joue

[173] Noël Colpin, op. cit. pp.22.

le rôle de portier ou de point de contact unique. Cela signifie qu'en cas d'automatisation par exemple, les douanes jouent le rôle de coordinateur et coopèrent avec les services aux frontières, pour faciliter les échanges.

En ce qui concerne la question des pays tiers, nous estimons qu'avec la création d'une union douanière, les opérateurs économiques régionaux agréés (OEA) sont obligatoires puisqu'ils sont appropriés pour cela. Ils facilitent la chaîne logistique internationale dans la mesure où les membres s'appuient les uns sur les autres sur différents mécanismes (certification par exemple) mis en place et seules les marchandises en provenance ou à destination d'un pays tiers peuvent être contrôlées.

IV. Ère numérique

Pour commencer, le site www.igi-global.com, consulté le 4 juin 2017, déclare qu'il n'est pas facile d'expliquer ce que l'on entend par ère numérique. Autrement dit, il existe de nombreuses façons utiles de la décrire et d'en discuter. L'ère numérique se caractérise par une technologie qui augmente la vitesse et le souffle du renouvellement des connaissances au sein de l'économie et de la société. Cela peut être vu comme le développement d'un système évolutif dans lequel le renouvellement des connaissances est non seulement très élevé, mais aussi de plus en plus hors du contrôle des humains. Ce qui en fait une période où nos vies deviennent plus difficiles à gérer. Par exemple, avec l'Internet deuxième génération, « le Web sémantique », via sa fonctionnalité, qui comprend le sens, remplace la fonction de recherche des mots qui correspondent sans le savoir, qui ont souvent des significations multiples. Avec le temps, dans cette version d'Internet, les agents logiciels échangeront des connaissances sans intervention humaine. Concernant les douanes, il est bien connu que l'OMD a consacré l'année 2016 à la douane numérique. Le terme douane numérique fait référence à toute activité automatisée ou électronique qui contribue à l'efficacité, à l'efficience et à la coordination des activités douanières, telles que les systèmes de dédouanement automatisés, le concept de guichet unique, l'échange électronique d'informations, les sites Web pour communiquer des informations et promouvoir la transparence, et l'utilisation de téléphones intelligents.

En bref, l'ère numérique est l'utilisation des technologies de l'information et de la communication (TIC) dans n'importe quel domaine.

Ici, l'accent est beaucoup mis sur le passage de l'ère du papier à l'adoption de l'automatisation ou de l'utilisation de l'ordinateur dans les douanes, ce qui présente les avantages suivants ; visibilité, transparence, accessibilité des données, rapidité de traitement, amélioration du travail, fiabilité, etc.

C'est pourquoi, bien que l'ère numérique incarne également l'Internet, dans un souci de visibilité, l'utilisation d'Internet est considérée comme un déterminant supplémentaire tel qu'il est présenté plus loin.

En zone douanière, la dématérialisation est importante pour sécuriser et faciliter les échanges internationaux. La pré-notification au départ et à l'arrivée offre la possibilité d'évaluer les risques. Le guichet unique permet l'échange de données sur les risques éventuels et l'intégration des contrôles. La dématérialisation des contrôles permet de : mettre l'accent sur l'exportation au lieu d'importer ; modifier des résultats des contrôles et des analyses de risques entre administrations des douanes dans le cadre d'un partenariat et d'intégrer les formalités douanières au commerce.[174]

[174] Noel Colpin, op.cit., pp. 22.

V. Déterminants supplémentaires

À notre avis, à part les déterminants mentionnés ci-dessus, la douane de la RDC en a d'autres qui sont : la croissance continue du commerce international, les tarifs continueront, la perception de droits sur les produits soumis aux droits d'accises, la concentration sur l'utilisation d'Internet.[175]

- **Croissance continue du commerce international** : la charge de travail de l'administration des douanes est largement motivée simplement par l'ampleur des flux commerciaux auxquels elle doit faire face.

En raison de sa présence aux frontières, la douane restera toujours un outil important pour soutenir la croissance du commerce international.[176]

-Le tarif restera une source importante de revenus : certaines personnes pensent que la libéralisation des échanges implique le tarif zéro. Cependant, Achim Rogmann[177] soutient qu'un objectif central du GATT est de réduire et de consolider les tarifs en ce sens qu'ils renforcent la sécurité et la prévisibilité du système GATT/OMC. Cela signifie que bien qu'il y ait la libéralisation des échanges qui a été importante au cours des dernières décennies, dans de nombreux pays, les taux de la taxe sur les échanges continuent d'être assez élevés et les recettes qu'ils génèrent sont un élément clé des finances publiques.[178] En d'autres termes, malgré la libéralisation des échanges, le droit de l'OMC est régi par le principe de

---

[175] Michael Keen, changing customs; Challenges and Strategies for the Reform of Customs Administration, International Monetary Fund, October,2003 pp.5.

[176] Idem.

[177] Achim Rogmann, op.cit, 2008, pp. 6-8.

[178] Ibidem, p.5.

la tarification. Les dispositions sur l'accès aux marchés de l'Accord du Cycle d'Uruguay exigent la conversion immédiate (tarification) des barrières non tarifaires à l'importation (comme les contingents, les licences restrictives et les prélèvements variables) en équivalents tarifaires. À l'avenir, les pays ne pourront pas recourir à des mesures non tarifaires pour restreindre le commerce. Dans un avenir prévisible, en tout état de cause, la leçon centrale est claire : pour de nombreux pays en développement, et en particulier les plus pauvres d'entre eux, les tarifs continueront d'être une composante essentielle des finances publiques pendant de nombreuses années à venir.[179]

- **Prélèvement de droits sur les produits soumis aux droits d'accises** : avec la libéralisation du commerce, les droits d'accises qui dépendent des industries naissantes et des produits soumis, ces droits seront cruciaux et sont considérés comme l'avenir de toute administration douanière. C'est le cas de la RDC qui a beaucoup de matières premières pour construire de telles industries et se concentrer sur les accises.

- **Accent sur l'utilisation d'Internet** : Aujourd'hui, Internet est un outil crucial en douane puisqu'il s'agit d'une source ouverte en matière de renseignements. Les fonctionnaires des douanes sont priés de l'utiliser lors de la production du cycle de renseignement. C'est-à-dire la collecte, l'évaluation, la compilation, l'analyse et l'interprétation des informations. Paraphrasant le discours de Mikuriya, le Secrétaire général de l'OMD lors de la 36e session du Comité de la lutte contre la fraude, aujourd'hui, les gens parlent d'Internet des objets avec des effets visibles sur la douane. La principale préoccupation de la douane est de savoir comment obtenir des données ?

---

[179] Idem.

Il existe de nombreuses sources de données, dont des sources ouvertes, mais comment analyser les données collectées, que faire après analyse et comment partager les fruits des données avec différents partenaires ? C'est la principale préoccupation de la douane.

- **Missions futures de la douane de la RDC** : pour notre part, l'utilisation de déterminants douaniers ne modifie pas nécessairement les missions douanières puisque la douane restera aux frontières tant que le commerce existe. Cependant, de nouveaux déterminants révèlent que nous devons utiliser de nouvelles méthodes de contrôle, techniques dans l'exécution de notre travail. Nous devons changer la façon de travailler pour faire face aux nouveaux défis.

Ainsi, les missions douanières de la RDC sont les mêmes. Donc fiscales, économiques, sociales, facilitation du commerce, statistiques du commerce extérieur et sécurité.

Après avoir parcouru les nouveaux déterminants et les missions douanières, une question importante que nous pouvons poser est la suivante : les fonctionnaires des douanes de la RDC, sont-ils prêts à appliquer de nouveaux déterminants et missions ?

Avant de répondre à cette importante question, voyons ce que CZYSOWICH a dit sur la situation générale des pays en développement dans le point suivant puisque la RDC en fait partie.

B. PAYS EN DÉVELOPPEMENT FACE AUX NOUVEAUX DÉTERMINANTS ET RÔLES DES DOUANES

CZYSOWICH[180] cite les problèmes typiques auxquels les pays en développement sont confrontés pour appliquer les déterminants de la future politique douanière et remplir leurs missions douanières. Ce sont : les procédures lourdes, le manque d'uniformité, la faible coopération entre les administrations douanières, l'informatisation inadéquate, inefficace ou inexistante, les contrôles obligatoires à 100 % qui sont compliqués et coûteux, le suivi des marchandises, l'évaluation en douane, la faible intégration avec le secteur privé et une sécurité insuffisante.

Cependant, notre expérience révèle qu'à part les problèmes typiques mentionnés ci-dessus, il existe des difficultés supplémentaires qui entravent la mise en œuvre des déterminants et des missions douanières dans les pays en développement. Ils sont ci-après.

C. DIFFICULTÉS POUR LES PAYS EN DÉVELOPPEMENT D'APPLIQUER LES DÉTERMINANTS ET LES MISSIONS DOUANIÈRES

Notre expérience professionnelle en tant que douanier,analyste du renseignement et attaché technique auprès du BRLR

Considérant, par exemple, la recommandation du Conseil de coopération douanière (CCD)sur le fonctionnement du réseau mondial des bureaux régionaux de liaison pour le renseignement (BRLR), l'article (2)

[180] Op.cit., 2008, p.28.

recommande qu'afin de protéger la société, de sécuriser les revenus et de lutter efficacement contre les infractions douanières, les membres devraient établir des BRLR couvrant toutes les régions de l'OMD.[181]

En d'autres termes, les BRLR sont très importants pour aider les administrations douanières à remplir leurs missions sur le terrain. Il en va de même des administrations douanières pour les BRLR. Cependant, notre expérience au BRLR-AC semble amère en ce que, malgré l'engagement pris par leurs administrations membres affiliés, certains officiers ne comprennent pas le rôle des BRLR. C'est pourquoi ils ne coopèrent pas du tout avec eux. Les informations recueillies ici et là révèlent que ce manque de coopération suffisante et d'autres difficultés surviennent même parmi les agents au sein des différentes administrations douanières et peuvent probablement être considérés comme difficultés supplémentaires pour les pays en développement lorsqu'ils appliquent des déterminants et remplissent des missions douanières sur le terrain. Sans entrer dans les détails, ces difficultés sont : la fraude, la corruption, la discrimination, la coopération, la motivation, l'intégrité. La liste est non exhaustive. L'OMD soutient que « les administrations douanières de la région AOC sont confrontées au défi énorme d'une ingérence politique considérable dans la gestion du personnel, tant du point de vue du recrutement que de la mobilité du personnel ».[182]

Après avoir identifié les difficultés des pays en développement à appliquer les déterminants et les missions

---

[181] World Customs Organization, Recommendations of the Customs Co-operation Council on the operation of the Global network of Regional Intelligence Liaison Office (RILOS).

[182] World Customs Organization Study on the challenges of the West and Central Africa Region of world customs Organizationp.7.

douanières, voyons la situation au niveau de la douane de la RDC.

D. LE CAS SPÉCIFIQUE DE LA RDC

I. Difficultés pour l'administration des douanes de la RDC à mettre en œuvre de nouveaux déterminants et missions

En effet, après la mise en œuvre de la réforme et la modernisation douanières et grâce à la gestion de ses autorités, la douane congolaise est considérée comme l'un des meilleurs services nationaux durant ces dernières années.

Cependant, malgré cette réussite, en tant que pays en développement, certaines des difficultés, mentionnées dans le point précédent, existent également au niveau de la douane de la RDC. C'est le cas au niveau des agents de première ligne dans l'exercice de leur métier sur le terrain. Ces difficultés sont des défis pour son administration des douanes pour faire face à de nouveaux déterminants et appliquer parfaitement ses missions. En RDC, ils sont communément appelés en français, « anti-valeurs » en anglais, « anti-values ».

Ce sont : l'intégrité, la fraude, peu de coopération entre les agents de première ligne et les autres services. À côté de cela, on peut citer également : la valeur en douane, le classement des marchandises, le renforcement des capacités, l'élaboration de statistiques du commerce extérieur (…).

II. Piste de solutions du comité de gestion des douanes de la RDC face aux anti-valeurs

Pour faire face aux anti-valeurs et autres problèmes mentionnés ci-dessus, la douane de la RDC a réformé son cadre structurel et a pris de nombreuses mesures.

Concernant les structures, on peut citer : la création de la direction du tarif et règles d'origine pour traiter des questions relatives à l'origine et au classement des marchandises, la direction de la brigade et de la lutte contre la fraude pour lutter contre la contrebande ou tout type de fraude y compris les questions de renseignement, la direction des statistiques et études économiques pour élaborer les statistiques du commerce exterieur, la direction des ressources humaines, y compris la formation pour le renforcement des capacités du personnel, etc.

Parlant d'autres actions, il existe : les contrôles au départ ou à l'exportation, la coopération avec : les pays voisins en signant les accords d'assistances mutuelles administratives (AAMA), les organisations régionales et internationales de police et le secteur privé en signant le protocole d'accord (PDA). Nous trouvons également l'application de la déclaration d'Arusha (la promotion de l'éthique est une obligation incontournable au niveau de la douane de la RDC) et le Cadre de Normes safe.

La douane de la RDC a signé de nombreux AAMA avec différentes administrations telles que la Belgique, la République centrafricaine, le Congo, l'Afrique du Sud, la Tanzanie, le Kenya, et le protocole d'accord avec Vlisco.

En outre, en tant que membre de l'OMD, la douane de la RDC utilise les outils et instruments de l'OMD, à savoir l'utilisation du CEN et ses applications ; CEN, CENcomm et nCEN (en cours d'application), l'IPM. Elle participe aux activités de l'OMD et à celles organisées par les différents partenaires de l'OMD tels que ; Interpol, ONUDC. La liste est non exhaustive. Voir aussi les actions sociales...

III. Remèdes suggérés par le présent travail pour faire face à de nouveaux déterminants et appliquer des missions douanières

Ce livre soutient la politique mise en œuvre par la DGDA et suggère que la douane de la RDC devrait continuer à renforcer la même politique tout en faisant face à tous les problèmes mentionnés dans le point précédent. Elle doit mettre l'accent sur la formation des agents à l'utilisation du CEN et de ses applications en matière du renseignement, mettre en œuvre l'unité de DPI, l'utilisation de l'IPM et INFO_DPI pour lutter contre la contrefaçon et le piratage et protéger les droits de propriété intellectuelle. Elle doit maximiser la coopération avec les compagnies aériennes, maritimes, l'utilisation de techniques de contrôle des livraisons surveillées, la ratification de la convention Medicrime (cela concerne le ministère de la Santé et la douane peut le motiver sur cette question) et continuer à signer les protocoles d'accord et les Accords d'Assistance Mutuelle Administrative.

IV. Période Post réforme et de modernisation douanières

Une question très intéressante que nous pouvons poser est la suivante : que se passera-t-il après la mise en œuvre du programme de réforme et de modernisation des douanes de 2003 ?

À notre avis, cette question soulève une autre relative à l'avenir de la douane de la RDC qui est d'assurer le suivi, d'évaluer et d'actualiser le programme de réforme et de modernisation. Merci aux experts douaniers de la RDC sur cette question, car un autre programme a été élaboré depuis 2010.

Pour l'information des lecteurs, la réforme à mettre en œuvre dans le cadre de ce programme 2010 comprend les axes suivants : gestion stratégique, culture orientée de service (relation avec l'usager), cadre juridique, cadre organique, gestion des ressources, procédures et contrôles, lutte contre la fraude, dispositif de contrôle des produits soumis aux droits d'accise, statistiques du commerce extérieur, nouvelles technologies de l'information et de la communication.[183] Le programme 2010 étant consacré à 2013-2015, ce livre n'en fait pas sa préoccupation.

---

[183] Direction Générale des Douanes et Accises (DGDA) ; Le nouveau Programme de Réforme et Modernisation douanières

CONCLUSION

Comme l'a reconnu le Comité de la lutte contre la fraude de l'Organisation mondiale des douanes (CLF) lors de sa 36e session, la communauté douanière internationale est confrontée à de nouveaux défis. En tant qu'actrices importantes de cette communauté, les administrations douanières doivent identifier ces défis et les combattre. À titre d'exemple, la lutte contre le commerce illicite des éléphants dans le bassin du Congo en Afrique centrale.

Cela se rapporte à notre livre en ce sens que nous avons identifié un problème qui a eu lieu en 2003 : la mise en œuvre du programme de réforme et de modernisation des douanes qui a révolutionné la gestion douanière en RDC. Nous avons présenté les faits ou les points clés du programme, nous les avons passés en revue et avons proposé des solutions au cas où la RDC voudrait élaborer un programme de réforme et de modernisation des douanes à l'avenir.

Après avoir mené à bien ce travail, la conclusion que nous pouvons tirer est qu'en ce qui concerne la politique douanière, le programme de réforme et de modernisation douanières de 2003 semble être la politique douanière de la RDC de 2003 à 2010. Il convient donc de rappeler que la modernisation de l'administration des douanes nécessite des changements fondamentaux tant dans l'environnement dans lequel l'administration des douanes fonctionne que dans la manière dont elle exerce ses activités.

Comme indiqué au chapitre 4, un changement est nécessaire et consiste en quatre actions clés : établir des politiques commerciales cohérentes et des lois d'accompagnement claires, adopter des procédures modernes et simples, passer à une dépendance substantielle de l'auto-évaluation par les contribuables, soutenue par le passage du physique au libérer les contrôles et assurer des incitations et des structures organisationnelles propices à l'intégrité et à l'efficacité de l'administration des douanes.

Ce travail suggère que tout changement qui se produira dans la réforme et la modernisation des douanes en RDC continue de s'inscrire dans ce cadre. Il suggère également qu'une évaluation de chaque programme élaboré devrait être faite après une certaine période pour réintégrer et ajouter des commentaires acceptables afin de produire un autre nouveau programme de réforme et de modernisation.

BIBLIOGRAPHIE

A- TRAVAUX PUBLIES

ASAKURA H. (2003). *World history of the customs and tariffs*. Brussels, World Customs Organization.

BABA KAKÉ Ibrahima. (1985). *Combats pour l'histoire africaine*. Paris, Présence africaine.

BABUDAA MALIBATO. (1990). *Condensé du cours complet*, 6è secondaire, Nathan, Paris.

DEWULF, SOKOL josé B. (2005). *Customs modernization, Handbook.* World Bank.

Direction Générale des Douanes et Accises de la RDC. (2010-2013). *Le nouveau Programme de Réforme et Modernisation douanière.*

Ecole des douanes de Neuilly sur seine. (2002-2003). *Présentation de l'espèce tarifaire.*

ESAMBA Bokel'Ipoka. (2008). *Counterfeiting and Piracy in import and export; A strategy of the DRCongo* (MA Thesis). University of Munster, Germany.

KAYEMBE Aaron Cianyi. (2015). *Deo Rugwiza, une décennie d'un management basé sur la bonne gouvernance et l'éthique professionnelle*. Kinshasa.

KEEN Michael. (2003). *Changing customs; Challenges and Strategies for the Reform of Customs Administration.* International Monetary Fund.

KIZERBO Joseph. (1978). *Histoire de l'Afrique noire d'hier à demain.* Paris, Hatier.

LUX Michael. (2002). *Guide to Community Customs Legislation*. Bruxelles, Bruylant.

MOKHTAR G. (1981). *Histoire Générale de l'Afrique*, II : l'Afrique ancienne. Paris, Présence africaine, Edicef, Unesco.

MWANGE Muteba. (2006). *L'Analyse de l'incidence du Guichet Unique sur les recettes de l'Etat au Port de Matadi.* Kinshasa, Université Pédagogique Nationale.

Office des Douanes et Accises. (2003). *Programme de réforme et modernisation douanière.*

Office des Douanes et Accises. (2003). *Tarif des Droits et Taxes à l'importation et à l'exportation.* Kinshasa-Limete, Shekinah.

Présidence de la République Démocratique du Congo. (2010). Loi N°10/002 du 20 août 2010 portant Code des Douanes.

TENDAY Alain. (2014). *Les procédures douanières en RDC ; expérience du « guichet unique » au poste de Matadi*. Paris, L'Harmattan.

United Nations Conference on Trade and Development. (1997). *Handbook of world Mineral Trade Statistics 1991-1996.*United Nations, New York and Geneva.

U*nited Nations Educational, Scientific and Cultural Organization.* (1970). Convention on the means of prohibiting and preventing the illicit import, export and transfer of ownership of cultural property. Paris.

United Nations. (2006). *Trade Facilitation Handbook, Part II: Technical Notes on Essential, Trade Facilitation Measures*. United Nations, New York and Geneva.

WEHMEIER Sally. (2000). *Oxford advanced Learner's Dictionary*. Oxford University Press.

World Customs Organization. (1977). International Convention on Mutual Administrative Assistance for the prevention, investigation and repression of offences, Nairobi Convention.

World Customs Organization. (1979). Arusha Declaration.

World Customs Organization. (2000). Revised Kyoto Convention. Brussels.

World Customs Organization. (2015). Punta Cana Resolution, Resolution of the Policy Commission of the World Customs Organization on the role of Customs in the security context.

World Customs Organization. Convention on Harmonised System.

World Customs Organization. (2018). Diary.

World Customs Organization. Recommendations of the Customs Co-operation Council on the operation of the Global network of Regional Intelligence Liaison Offices (RILOS).

World Customs Organization. Strategic Trade Control Enforcement (STCE) implementation Guide.

World Health Organization. (2013). Protocol to eliminate illicit trade in Tobacco products. Geneva.

World Trade Organization. (1999). *The Legal Texts, the Results of the Uruguay Round of Multilateral Trade Negotiations*. Cambridge University Press.

World Trade Organization. (2010). *Trade Policy Review.* Democratic Republic of the Congo.

World Trade Organization. (2016). *Trade Policy Review.* Democratic Republic of the Congo.

B- JOURNAUX, MAGAZINES, RADIO- PRESSE, DOCUMENTS NON PUBLIES, SITES WEB ET AUTRES

I. JOURNAUX OU MAGAZINES

Administration des douanes congolaises. (2010). « La Modernisation en marche ». *Revue des Douanes Congolaises*, n°006, Boulevard du 30 juin, Kinshasa-Gombe.

Administration des douanes congolaises. (2013). « La Modernisation en marche ». *Revue des Douanes Congolaises*, n°009, Boulevard du 30 juin, Kinshasa-Gombe.

Administration des douanes congolaises. (2015). « 2005-2015 :10ans de reformes et performances ». *Revue des Douanes Congolaises*, Numéro spécial, septembre, Boulevard du 30 juin, Kinshasa-Gombe.

II. RADIO-PRESSE

B-One Radio TV, République Démocratique du Congo.

III. TRAVAUX NON PUBLIES ET NOTES DE COURS

CZYZOWICZ Wieslaw. (2007). Customs Policy Module-Challenges and future (Master of Customs Administration Course). University of Muenster.

CZYZOWICZ Wieslaw. (2008). Customs Policy Module-Legal and Practical Approach.

CZYZOWICZ Wieslaw. (2008). Customs Policy Module-Theoretical approach. University of Muenster.

Feng X. (2006). Regional Trade policy Course, Introduction to the WTO Legal Affairs Office, WTO Secretariat. Windhoek.

HARRISON Mark. (2008). Customs Management Theory and Practice. Lectures notes prepared for the University of Munster.

KRALOVA Eva. (2008). *Tariff and Trade Affairs Directorate* (Master of Customs Administration Programme). Muenster University.

LEWIS Gareth. (2008). World Customs Data Model; about Single Window. Muenster University.

MIHIGO Uguha. (2006-2007). Rapport de stage effectué à l'Office des Douanes et Accises. Kinshasa, Gombe.

ROGMANN Achim. (2008). *Customs valuation Law: the EU Model.*

ROGMANN Achim. (2008). *Principles of WTO (*Master of Customs Administration), University of Muenster.

ROGMANN Achim. (2008). *The Multilateral Trade System of the WTO: Basic Principles*, Fachhochschule Braunschweig/Wolfenbüttel. University of Applied Sciences, Brunswick European Law School.

SIMBABO Jean-pierre. (2000-2001). Rapport de stage effectué à la Direction Générale de l'Ofida. Kinshasa, Gombe.

World Customs Organization. (2004). *Annual report.*

World Customs Organization. (2008). Data model, About Single Window, Data Model training. Munster.

World Customs Organization. *35th Enforcement Committee Executive Report.*

IV. ARTICLES

MUBIBYA Silutala. (2015). L'incidence du démembrement des provinces de la République Démocratique du Congo sur les activités douanières. 10ème session des Directeurs Centraux et Provinciaux.

World Customs Organization. Security Project for West and Central Africa (customs counter-terrorism initiative for West and Central Africa).

World Customs Organization. Programme Global Shield.

V. SITES WEB

1. https:Afr.wikipedia.org/wiki/royaume-kuba
2. htpps: //en.wikipedia.org/wiki/berlin-conference
3. www.infoplease.com/country/democratic-Republic-of-congo.html
4. http://www.questiaschool.com /read/1G1-224534703/the-curse
5. www.indexmundicom/democratie_republic of congo/natural_ressources.html
6. www.questiaschool.com/read/191-224534703/the-curse
7. http://en.wikipedia.org/wiki/democratic_republic_of_the_congo
8. www.douane.gouv.fr
9. www.musse-douanes.fr/documentation/25-histoire-de-la-douane.html.fr
10. https://en.wikipedia.org/wiki/cotonou_Agreement
11. https://en.wikipedia.org/wiki/Excise
12. Collins.inhttp://dictionary.reverso.net/English
13. https://www.the positiveencouraging.global/carl-rogers-and-the-person-ce
14. https://en.wikipedia.org/wiki/small-Arms_and_lihgt_weapons
15. https://www.belastingdienst.nl/wps/wcm/connectbldcontenten/belastingdienst/customs/safetyhealth-economy and environment/cdiu cluster/strategic goods/strategic goods
16. http://lawin.org/Brussels- definition of value
17. www.google.com

18. www.thebalance.com/what-is-the-doha-round-of-trade-talks-3306365.
19. https://www.wikipedia.org/wiki/Bali_package
20. http://en.wikipedia.org/wiki/economic_community_of_the_great_lake_country
21. www.sadc.int
22. https://en.wikipedia.org/wiki/common_market_for_Eastern_and_Southern_Africa
23. https://en.wikipedia.org/wiki/Economic_community_of_central_African_state
24. www.wcoomd.org
25. https://en.wikipedia.org/wiki/world_trade_organization
26. http://www.un.org/en/sections/history/history-united-nations/
27. htpps://whatis.techtarget.com/definition/certification
28. https://www.businessdictionnary.com/definition/certification.html
29. www.igi-global.com

TABLES DES MATIÈRES

Structures éditoriales du groupe L'Harmattan

L'Harmattan Italie
Via degli Artisti, 15
10124 Torino
harmattan.italia@gmail.com

L'Harmattan Hongrie
Kossuth l. u. 14-16.
1053 Budapest
harmattan@harmattan.hu

L'Harmattan Sénégal
10 VDN en face Mermoz
BP 45034 Dakar-Fann
senharmattan@gmail.com

L'Harmattan Cameroun
TSINGA/FECAFOOT
BP 11486 Yaoundé
inkoukam@gmail.com

L'Harmattan Burkina Faso
Achille Somé – tengnule@hotmail.fr

L'Harmattan Guinée
Almamya, rue KA 028 OKB Agency
BP 3470 Conakry
harmattanguinee@yahoo.fr

L'Harmattan RDC
185, avenue Nyangwe
Commune de Lingwala – Kinshasa
matangilamusadila@yahoo.fr

L'Harmattan Congo
67, boulevard Denis-Sassou-N'Guesso
BP 2874 Brazzaville
harmattan.congo@yahoo.fr

L'Harmattan Mali
ACI 2000 - Immeuble Mgr Jean Marie Cisse
Bureau 10
BP 145 Bamako-Mali
mali@harmattan.fr

L'Harmattan Togo
Djidjole – Lomé
Maison Amela
face EPP BATOME
ddamela@aol.com

L'Harmattan Côte d'Ivoire
Résidence Karl – Cité des Arts
Abidjan-Cocody
03 BP 1588 Abidjan
espace_harmattan.ci@hotmail.fr

Nos librairies en France

Librairie internationale
16, rue des Écoles
75005 Paris
librairie.internationale@harmattan.fr
01 40 46 79 11
www.librairieharmattan.com

Librairie des savoirs
21, rue des Écoles
75005 Paris
librairie.sh@harmattan.fr
01 46 34 13 71
www.librairieharmattansh.com

Librairie Le Lucernaire
53, rue Notre-Dame-des-Champs
75006 Paris
librairie@lucernaire.fr
01 42 22 67 13

www.ingramcontent.com/pod-product-compliance
Lightning Source LLC
LaVergne TN
LVHW010942051026
849532LV00003B/1096
* 9 7 8 2 3 4 3 2 5 2 0 1 8 *